나는 왜 작은 실수에도
이렇게 힘들까

나는 왜 작은 실수에도 이렇게 힘들까

내 삶에 관대함을 가져다주는 '자기자비'의 힘

글·그림 이서현(서늘한여름밤)

whale books

실수해도 괜찮길 바라는

_____에게

지금의 당신으로도 충분합니다

서문을 쓰기 위해 책 원고를 다시 읽었는데, 처음부터 다시 쓰고 싶어지는 저는…… 완벽주의자입니다. '자기도 완벽주의를 못 고쳤으면서 완벽주의자를 위한 책을 쓴다고?' 하실 수 있겠지만, 저는 완벽주의를 고쳐야 할 부분으로 보지 않습니다. 어떤 성격 특성이든 장점과 약점이 모두 있는 다차원적인 특성이라고 생각하기 때문입니다. 만약 완벽주의를 '완벽하게' 고치는 법을 기대하고 이 책을 펼치셨다면 실망하실지도 모릅니다. 이 책은 완벽주의라는 성격 특성을 이해하고, 그 특성과 함께 다정하게 살아가는 방법을 담았습니다. 저는 타고난 기질을 고치는 걸 싫어합니다. 잘 고쳐지지도 않고요. 그보다는 있는 그대로의 내 모습을 인정하고 살아가는 게 만족스러운 삶을 위한 첫걸음이라고 생각합니다.

제가 싫어하는 게 또 하나 있습니다. 심리학자라고 다 아는 척, 성숙한 척, 통달한 척하는 것입니다. 이 책에는 저의 모자라고 서툴고 부끄러운 부분이 촘촘히 담겨 있습니다. 읽으시면서 '심리학 배웠다는 사람도 이렇게 사는데, 나 정도면 희망이 있구나'라고 생각하시면 좋을 것 같습니다. 저의 경험을 통해 자기 자비의 한 부분인 '인간 보편성'을 느끼실 수 있기를 바랍니다.

제가 만나 뵈었던 다양한 고객분들의 이야기를 넣지는 못했습니다. 좋은 책을 만드는 것만큼 심리학자로서 윤리를 지키는 것도 중요하니까요. 그 부족한 부분을 채울 수 있도록 자신들의 이야기를 써도 좋다고 너그럽게 허락해준 완벽주의자 친구들에게 감사를 전합니다.

이 책은 챕터마다 이어지는 이야기이지만, 모든 편은 독립적으로 읽을 수 있게 구성되었습니다. 즉, 읽고 싶은 부분부터 먼저 읽으셔도 되고, 다 읽지 않으셔도 괜찮은 책이라는 뜻입니다. 책 한 권을 사면 처음부터 끝까지 다 읽어야 한다는 압박감이 느껴질 때가 있는데, 부디 이 책만이라도 편하게 읽으셨으면 좋겠습니다. 책이란 부적과 같아서 일단 사놓으면 읽지 않아도 마음이 든든해지는 부분이 있지요. 그것으로도 저는 효용을 다했다고 생각합니다. 필요하실 때 읽고 싶은 부분만 펼쳐 보셔도 충분합니다. 사실 이 책을 읽는 여러분들은 이 책이 없었을 때도 잘 살아오신 분들이지 않습니까? 그러니 이 책을 다 읽지 않아도 여러분들의 삶은 충분히 괜찮을 것입니다.

이 책에 나온 모든 것들을 기억하거나 실천하지 않아도, 당연히 괜찮습니다. 저는 콩나물 시루 독서법을 좋아합니다. 콩나물에 물을 부으면 물은 시루 밑으로 빠져 사라지지만 콩나물은 자라지요. 이 책의 내용들을 모두 자신의 것으로 만들지 않아도 여러분은 성장할 것입니다. 저는 이 책이 여러분들이 마음 편히 자랄 수 있는 데 기여할 수 있는 딱 한 방울의 비료가 되길 바랍니다.

이 책을 무사히 쓸 수 있게 노력해준 나 자신에게 감사한 마음을 전합니다. 완벽주의가 있는데도 이 책을 갈아엎지 않고 끝낸 나 자신, 기특합니다! 그리고 심리 코치로서 저를 성장시켜준 고객분들께도 진심 어린 애정의 마음을 전합니다. 성장의 순간을 지켜볼 수 있어 늘 영광이라고 생각합니다. 마지막으로 나의 존재 가치가 성취에 달려 있는 것이 아니라, 존재 자체에 있다고 믿게 해주는 나의 친구 민경이와 은영이, 사랑하는 파트너 영수, 나의 가족 영재에게 가장 깊은 사랑과 감사의 말을 전합니다. 덕분에 인간은 완벽하지 않아도 서로 충분히 사랑할 수 있다는 걸 배웠습니다.

　우리는 언제나 자신의 특성으로 인해 고통받고, 또 자신의 특성을 통해 구원받는다고 생각합니다. 완벽주의 때문에 힘든 일들도 있지만, 삶의 어떤 부분은 완벽주의 덕분에 더욱 선명해졌다고 생각합니다. 이런 쉽지 않은 나 자신을 수용하고 사랑하는 건 노력이 필요한 일인 것 같습니다. 그럼에도 그 노력을 계속하고 싶은 건, 이 세상에서 24시간 나와 붙어있고, 나를 끔찍하게 생각해주는 존재가 나 자신밖에 없어서이겠지요. 그런 나 자신과 매일 싸우고 화해하기를 반복하다 보니 이제는 애틋한 동지처럼 느껴집니다. 이 책이 여러분들 마음 안에 있는 자신에게 건네는 다정한 질문이자 화해의 손길이 되길 바랍니다. 언제나 나를 용서할 준비가 되어 있는 자신과 만나게 되는 시간이길 바랍니다.

차
례

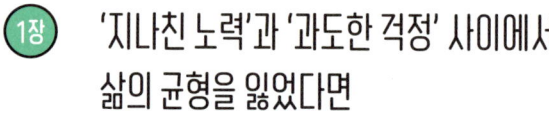

1장 '지나친 노력'과 '과도한 걱정' 사이에서
삶의 균형을 잃었다면

: 당신이 작은 실수에도 힘들어하는 이유

2장 ## 한 끗의 유연함이 일상을 부드럽게 만든다

: 꽉 막힌 숨통을 틔워주는 유연한 사고의 기술

3장 고통에 빠진 나는 구원받을 자격이 있다

: 무너진 자존감을 다시 세우는 자기자비의 강력한 힘

4장 ## 삶의 진짜 가치는 결과가 아니라 과정에 있다

: 있는 그대로의 나 자신을 사랑하며 사는 법

1장

'지나친 노력'과
'과도한 걱정' 사이에서
삶의 균형을 잃었다면

: 당신이 작은 실수에도 힘들어하는 이유

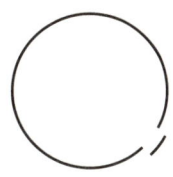

기준은 엄격하고,
실천은 느슨한 모순

완벽주의의 진짜 얼굴

'나는 사실 완벽주의자가 아닌 것 같은데······' 혹은 '그냥 게으른 건데 완벽주의를 핑계 삼고 있는 건 아닐까?' 하는 긴가민가한 마음으로 이 책을 펼친 분들이 계실 것 같다. 완벽주의라는 단어를 이야기하면 특정한 인물의 모습이 떠오를 수도 있다. 예를 들어, 영화 〈악마는 프라다를 입는다〉에서 메릴 스트립이 연기한 악마 같은 편집장처럼 자신에게도 타인에게도 엄격한 동시에 엄청난 능력을 발휘하며 탁월한 성취를 이루는 사람. 이런 사람이야말로 '진짜' 완벽주의자라고 생각할지도 모르겠다. 그에 비하면 나는 그렇게 성실하지도, 독하지도, 체계적이지도 않고 탁월하게 성취한 것도 없으니 완벽주의자라고 불

17

완벽주의라고
하기에는
허술한데...

그렇다고
마음 편히
게으른건 아니고..

릴 자격이 없다고 느껴질 수도 있다. 나도 오랫동안 그렇게 생각했었다. '나는 완벽주의자라고 하기엔 너무 부족한 사람이다'라고. 그럼 도대체 완벽주의는 무엇일까?

심리학에서는 완벽주의를 '극도로 엄격한 목표를 설정하고, 그 목표를 완벽하게 달성하기 위해 분투하며, 자기 자신에 대해 엄격한 평가를 하는 성향을 포함하는 성격 특성'이라고 정의한다.[1] 완벽주의를 연구한 초기 심리학자들은 완벽주의를 부정적인 특성으로만 바라보는 경향이 강했다. 완벽주의를 처음 개념화하려 한 정신분석가 중 한 명인 호네이는 완벽주의를 "당위의 폭정(the tyranny of the should)"라 묘사하며, 긍정적인 측면이 없는 매우 신경증적인 성격이라고 간주했다.[2] 하지만 완벽주의에 대한 연구를 거듭하며 심리학자들은 완벽주의 성향을 가진 사람들이 건강하게 살아가는 경우도 많다는 점을 발견했다. 그 결과, 현대 심리학에서는 완벽주의를 단순히 부정적으로만 보는 것이 아니라, 적응적인 측면과 부적응적인 측면을 모두 포함하는 다차원적인 성격 특성으로 이해하게 되었다. 다양한 심리학 이론이 완벽주의를 설명하고 있지만, 여기서는 완벽주의 연구로 유명한 켄트대학교 연구자 스토버와 오토가 제안한 모델을 중심으로 설명해보고자 한다.[3]

스토버와 오토는 완벽주의를 '완벽주의 노력(perfectionistic

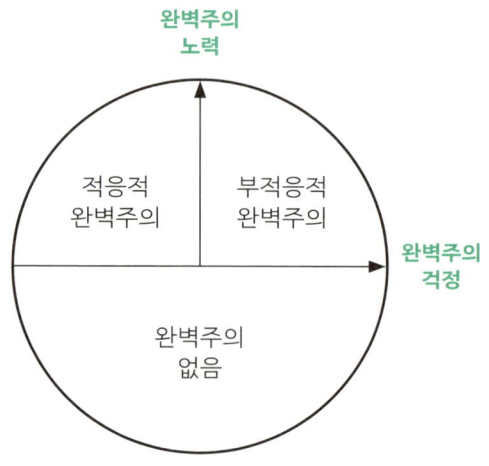

적응적
완벽주의

부적응적
완벽주의

완벽주의
노력

완벽주의
걱정

완벽주의
없음

스토버와 오토가 제안한 완벽주의의 유형

striving)'과 '완벽주의 걱정(perfectionistic concern)' 두 가지 차원으로 구분했다. 완벽주의 노력은 높은 목표를 세우고 이를 달성하기 위해 노력하는 동기를 반영하는 차원이다. 예를 들어, '이번 시험에서 100점을 받고 싶다'라는 목표를 설정하고, 실제로 그 목표를 달성하기 위해 매일 공부하는 것이 여기에 해당한다. 반면, 완벽주의 걱정은 실패에 대한 불안, 타인의 부정적인 평가에 대한 두려움, 그리고 자신이 세운 기준을 충족하지 못했을 때 느끼는 부적절감을 반영한다. '100점을 받지 못하면 어떡하지?', '시험 성적이 안 좋으면 사람들이 나에게 실망하겠지', '그럼 나는 나 자신이 정말 한심하게 느껴질 거야' 등의 생각들이 완벽주의 걱정에 해당한다.

이 두 차원을 바탕으로 일부 심리학자들은 완벽주의 노력은 높지만 완벽주의 걱정은 낮은 사람들을 '적응적 완벽주의자'로, 반면에 완벽주의 노력과 완벽주의 걱정이 모두 높은 사람들을 '부적응적 완벽주의자'로 구분하기도 한다. 물론 이런 구분이 절대적이지는 않다. 우리는 살면서 높은 기준을 세우고 노력하다가도 실패에 대한 두려움 때문에 주저할 수도 있다. 반대로 두려움이 있음에도 불구하고 중요한 목표를 이루기 위해 꾸역꾸역 노력하는 경우도 있다. 결국 이러한 연구들을 통해 우리가 배울 수 있는 점은, 완벽주의가 다른 성격 특성과 마찬가지로 강점과 약점을 모두 가진 입체적인 특성이라는 점이다.

완벽주의를 성격 특성으로 바라봐야 한다고 강조하는 이유는, 완벽주의를 마치 고쳐야 할 병처럼 오해하는 사람들도 있기 때문이다. 물론 어떤 성격 특성이든 극단으로 치달으면 심리적인 어려움을 초래할 수 있다. 완벽주의 성향도 극단적일 경우에는 임상적인 증상으로 간주되어 치료를 요할 수 있다. 하지만 이 책에서는 그런 극단적인 경우가 아니라, 일반적인 수준에서 완벽주의 성향 때문에 어려움을 겪고 있는 분들을 위한 이야기를 다루고자 한다.

스스로 생각하기에 자신이 완벽주의자가 아닌 것 같기도 하고, 맞는 것 같기도 한가? 주변에서는 "넌 너무 기준이 높아" 혹은 "넌 너한테 너무 엄격해"라고 이야기하는데, 정작 자신이 사는 모습을 보면 엄격하게 사는 것과는 거리가 멀다고 느껴지는가? 이렇게 아리송한 상태인 분들을 위해 이 책을 쓰게 되었다. 그럼 이제 완벽주의의 특성들을 하나씩 살펴보면서 자신의 모습과 비슷한 점이 있는지 살펴보자.

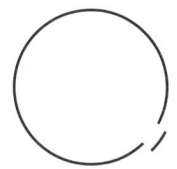

지금 나의 목표는
유연하고 현실적인가?
완벽주의자들의 핵심 특성

완벽주의자들의 핵심적인 특성 중 하나는 높고 경직된 목표다. '높고 경직된 목표'라는 표현이 바로 와닿지 않을 수 있을 것 같아 부끄럽지만 나의 이야기를 나눠볼까 한다. 나는 '여성 부적응적 완벽주의자들의 정신적 웰빙 증진을 위한 코칭 프로그램 개발'이라는 주제로 박사학위 연구를 진행했다. 대학원을 졸업 후 박사학위 연구를 진행하며 배운 것들을 종합해 워크숍 프로그램을 개발했고, 많은 사람이 참여하기를 기원하며 정성스럽게 홍보 자료와 신청서를 만들었다. 그리고 상당히 두근거리는 마음으로 내 SNS 계정에 홍보물과 신청서를 업로드했다. 그런데…… 두어 시간이 지난 뒤에도 신청자는 단 한 명도 없었다.

그 사실을 확인하자 마음속으로 엄청나게 식은땀이 흘렀다. 눈에서도 땀이 흘러내리려는 것을 꾹 참았다. 초조한 마음을 달래며 하룻밤을 자고 일어나 신청서 현황을 다시 확인했다. 신청자가 있긴 했지만 세 명뿐이었다. 정원의 1/5도 되지 않는 숫자였다. 이내 '망했다'라는 생각이 휘몰아치며 좌절감과 속상함이 밀려왔다. '내가 심리학자로서 연구한 내용이 이 세상에는 불필요한 것이었나?'라는 생각마저 들었다.

이 워크숍을 준비하면서 내가 상상했던 모습이 있었다(이게 부끄러운 포인트다). 바로 신청서를 올리자마자 모든 프로그램의 정원이 빠르게 마감되는 것이었다. 나에게는 이 워크숍 프로그램의 정원이 모두 차는 것도 중요했지만, '얼마나 빨리' 마감되는지도 중요한 기준이었던 것이다. 써놓고 보니 우습기는 하지만, 이 에피소드는 완벽주의자가 설정하는 높은 기준의 핵심을 잘 보여준다고 생각한다. 완벽주의자의 기준은 상당히 주관적이며, 촘촘하고, 가혹할 때가 많다. 결과(워크숍의 정원이 다 차는가)뿐만 아니라 과정(워크숍의 정원이 얼마나 빨리 차는가)까지 평가 대상이 될 수 있는 것이다.

위의 이야기를 읽으며 아마 궁금증이 드는 분들도 있을 것이다. 1) 꼭 정원이 다 차야지만 워크숍을 할 수 있는 건가? 2) 이틀 동안 세 명이 신청했다면, 기다리다 보면 워크숍 시작 전에 정원만큼 다 모집할 수 있지 않을까? 이런 의문이 들었다면, 축하한다. 이미 당신은 유연한 생각을 할 수 있는 사람이다. 경직된 기준이란 이런 유연한 사고가 어려운 것을 뜻한다. 가령, 이 경우에 나는 '워크숍 정원이 마감되지 않는다면 나는 실패한 거야'라고 경직된 기준을 세웠다. 여기서 더 나아가 '이 워크숍이 완판되지 않는다면 내가 연구했던 것은 무의미해', '나는 심리학자로서 미래가 어두울 거야'라고 생각했다. 경직된 기준은 '반드시 ~해야 한다. 그렇지 않으면 실패한 것이다'라는 흑백 사고에 기반한 경우가 많다. 경직된 기준은 다른 가능성을 볼 수 있는 시야를 차단하고, 자기비난과 파국화의 고통에 빠지게 만든다.

물론 여기서 안 좋은 쪽으로 한 걸음 더 나아갈 수도 있다. 바로 좌절감을 느끼는 나 자신에 대한 비난을 더하는 것이다. '왜 나는 이렇게 조급한 걸까?', '이렇게 의연하지 못하고 미성숙한데 내가 심리학자로서 자격이 있나?' 하고 말이다. 결과와 과정만 평가하는 게 아니라 이에 대처하는 나 자신의 감정에까지 혹독한 평가를 내리는 것이다. 다행히 그동안 심리학을 헛배웠던 건 아니었던지라 거기까지 가지 않을 수 있었다(예전에는 자주 그랬다는 뜻이다).

만약 내가 완벽주의자가 아니라서 처음부터 현실적이고 유

심리학자로
가망이 없는게
아닐까?

벌써 망한
것 같아..

연한 목표를 설정했다면 어땠을까? 아마 '워크숍 진행을 위한 최소 인원만 모집되면 된다. 최소 인원 모집이 어려울 것 같다고 판단되면 그때 추가적으로 홍보를 더 하면 된다'라고 생각했을 수 있을 것 같다. 어쨌든 중요한 것은 내가 만든 프로그램으로 워크숍을 실행해보는 것이고, 최소 인원 이상만 모집되면 인원수와 상관없이 재미있게 워크숍을 할 수 있을 테니 말이다. 이렇게 목표를 세웠더라면 홍보와 모집의 과정이 실패 혹은 성공으로 판가름 나는 심판대가 아니라, 무언가 배울 수 있는 기회로 생각되었을지도 모른다.

지금 내가 가지고 있는 목표들을 떠올려보자. 어떤 기분이 드는가? 생각만 해도 막막하고 답답하고 회피하고 싶은 느낌이 드는가? 그렇다면 목표의 수정이 필요하다는 신호일 수 있다. 나를 숨 막히게 하는 목표를 현실적이고 유연한 모습으로 바꾸면 어떤 형태가 될까? '이 정도면 한번 해볼 만하겠군!'이라는 생각이 드는 목표는 어떤 모습인가? 목표는 양치질 같은 것이라고 생각하면 좋겠다. 양치질을 하면 좋다. 그러나 우리가 양치질을 하기 위해 사는 건 아니다. 목표도 마찬가지다. 목표는 나를 위해 존재하는 것이지, 내가 목표를 달성하기 위해 사는 것은 아니다. 결과뿐만 아니라 과정에서도 무언가 배울 수 있는 목표를 세운다면 내 일상은 어떻게 달라질까?

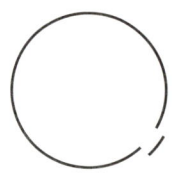

채찍을 내려놓아야 보이는 것들이 있다

자기비난 뒤에 숨은 진짜 마음

요새 SNS를 켰다가 몇 번 스크롤하지 않고 꺼버릴 때가 많다. 나만 빼고 다들 해맑고 긍정적으로 잘 살고 있는 것 같아서 짜증이 난다. '모르면 바보가 되는 AI 활용법', '나만 모르고 있던 주식투자 성공 공식', '퍼스널 브랜딩 비결', '잘나가는 사장의 5가지 비밀' 등등의 제목을 달고 사람들의 시선을 끌어당기는 섬네일들을 보면 나만 어리석게 살고 있는 것 같기도 하다. 이런 생각을 하다 보면 화가 난다. '당신이 그렇게 잘났어?', '그래. 얼마나 대단한지 보자', '사기꾼 같은 소리 하네'처럼 배배 꼬인 마음들이 마음속에 떠오르기 시작하면, 그제야 알아차린다. '아, 자기비난이 시작되었구나!'

스스로 자기비난을 하고 있다고 알아차리는 것도 사실 쉽지 않을 때가 많다. 왜냐하면 나에게 자기비난이란 마치 생활 소음 같기 때문이다. 늘 배경음악처럼 삶 속에 잔잔히 흐르고 있어서 알아차리지 못하다가, 문득 깨닫고 나서야 생각보다 그 소리를 아주 오랫동안 들었다는 사실을 인지하게 되는 것이다. 나도 모르게 시작된 자기비난을 알아차리기 위해서는 아주 미묘한 신호들을 잘 감지해야 한다. 사소한 일을 자꾸 미루거나, 막연한 불안감이 느껴지거나, 이유 없이 답답하고 짜증이 나거나 혹은 누군가에게 공연히 화를 내고 싶은 기분일 때. 내가 도대체 왜 이러는 걸까 싶어 그 뒤에 숨겨진 마음을 가만히 들춰보면, 그제야 아주 깊은 곳에 자리 잡은 자기비난을 만나게 된다.

SNS를 보며 느꼈던 짜증 뒤에는 사실 불안과 압박감이 있다. 나도 그들처럼 잘나가야 할 것 같은데 그러지 못하고 있는 상황에서 오는 불안함. 잘나가는 척이라도 계속 해야 할 것 같다는 압박감. 그 감정들 뒤에는 엄격한 표정을 한 자기비난이 나를 바라보고 있다. 자기비난은 내게 한심하다는 듯 말한다. "너는 도대체 지금까지 뭘 했니?", "10년이나 콘텐츠를 만들었는데, 인지도가 이것밖에 안 되는 게 왜 그런 것 같니?", "너는 평생 이렇게 애매하게 살다가 끝날 건가 보다"라고. 그 비난들을 마주하다 보면 지금까지 내가 해온 노력들이 부질없는 걸 넘어

수치스럽게 느껴진다. 지금까지 나는 참 쓸데없는 걸 위해 쓸데없는 노력을 쏟을 정도로 어리석은 사람이었구나 싶다. 이렇게 생각하는 건 괴로운 일이다. 그러니 나에게 이런 생각과 감정을 들게 한 범인을 찾아본다. 자기 잘났다고 SNS에 글을 쓴 이 사람들, 이들이 범인이다. 별것도 아닐 인간들이 사기꾼처럼 잘난 척해서 내 기분을 상하게 한 것이다. 이렇게 애꿎은 남 탓을 하며 어물쩍 회피한다.

이런 가혹한 비난은 앞서 말한 '높고 경직된 기준'에서 시작한다. '나는 반드시 대단한 사람이 되어야 해.' '늘 사람들에게 인정받아야 해.' '그렇지 않으면 지금까지 내가 해온 것들은 무가치한 것들이야.' 이런 기준으로 내 삶을 바라보면 참 초라하기 그지없다. 저 기준대로라면 나는 비난받아 마땅한 게 맞다. 그런데 문제는 그 비난이 정당한지 여부를 떠나서, 비난을 받는다고 내가 달라지지 않는 것이다. 그렇게 대단한 사람이 되고 싶으면 작은 노력부터 시작해야 한다. 사람들에게 인정받고 싶으면 작은 성과부터 만들어내야 한다. 하지만 아무것도 하고 싶지가 않다. 남들이 잘나가는 모습을 보고 짜증이 나서 하고 싶지 않기도 하고, 내가 노력해봤자 결국 쓸데없는 노력이었다는 생각이 들 것만 같기도 하다. 이것이 자기비난의 아이러니다. 더 잘해야 한다는 생각 때문에 자기비난을 하지만, 결국 원

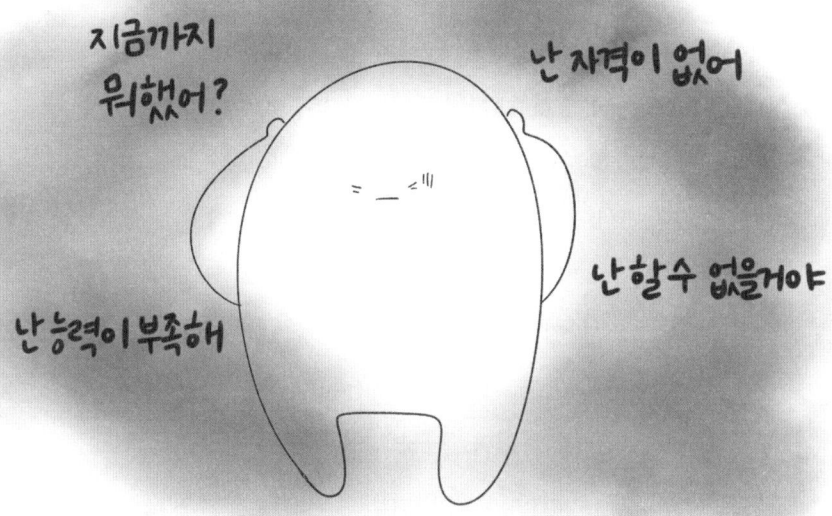

래 하던 일에도 의욕이 사라질 수 있다.

만약 자기비난이 성공의 진짜 원동력이라면, 자기비난의 대가인 내가 일론 머스크만큼 성공해 있어야 맞다. 내가 자기비난을 알아차리고 수정하려고 노력하는 이유는 자기비난이 내가 원하는 것을 얻는 데 도움이 되는 전략이 아니기 때문이다. 지금의 내 모습이 대단하지 않다고 스스로 빈정거려봤자 무엇이 나아지는가? SNS에서 성실하게 살아가는 남들의 모습을 보고 괜히 짜증만 내는 사람이 될 뿐이다. 자기비난의 채찍질은 우리를 원하는 곳으로 데려다주지 않는다. 마차에 묶인 말은 채찍을 맞고 달리지만, 결코 자신이 원하는 곳으로 갈 수 없다. 반면에 들판에서 달리는 말은 누군가의 채찍질이 없어도 자신이 원하는 곳으로 힘차게 달려 나간다.

자기비난을 알아차리고 나는 스마트폰을 내려놨다. 이제는 솔직한 내 마음에 귀를 기울여줄 시간이다. 자기비난 뒤에는 속상해하고 있는 내가 있다. '나도 남들만큼 노력하는데 인정받지 못하는 것 같아서 답답한 마음이 들었어.' '내가 하는 노력들이 잘못된 방향은 아닌지 불안했어.' '남들이 반짝거리는 모습을 보고 참 부러웠나 봐.' 이렇게 마음을 펼쳐놓고 보니 그저 자기 인생을 잘 살고 싶어서 고민하는 평범한 한 사람이 보였다. 이 사람이 비난받을 이유가 있을까? 아마 그럴 이유는 없을 것이다. 반대로 내가 꼬인 마음으로 바라봤던 SNS 속 사람들은 내 미움을 받을 이유가 있을까? 아니다. 그들도 나처럼 자기 인생을 잘 살고 싶어 하는 평범한 사람들일 뿐이다.

채찍을 내려놓아야 보이는 것이 있다. 성장하고 싶은 간절한 마음, 인정받고 싶은 자연스러운 마음, 달려 나가고 싶지만 아직 어디로 갈지 몰라 주저하는 마음, 그러나 마냥 주저앉고 싶지 않은 마음. 지금까지 나를 앞으로 나아가게 했던 원동력은 바로 이런 마음들이었다. 나는 내가 이 마음들을 품고 나다운 삶을 뛰어다니길 바란다. 정해진 목적지가 아니라, 원하는 곳이면 어디든 마음껏.

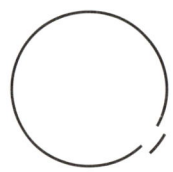

죽도록 노력하다
죽은 사람은 말이 없다
완벽주의가 불러온 번아웃

가끔 유튜브 알고리즘에 '죽도록' 노력해서 성공했다는 이야기가 뜰 때마다 나는 한숨이 나온다. 이런 성공 신화는 내게 이렇게 들린다. "5층에서 1층까지 가장 빨리 내려가는 방법이 뭔 줄 알아? 5층 창문에서 뛰어내리는 거야! 이렇게 죽을 각오로 노력하면 빠르게 성공할 수 있다고!" 1층에 빠르게 도달하기 위해 5층 창문에서 뛰어내리는 사람은 없을 것이다. 1층에 빠르게 도달하기 위해 너무 많은 것을 희생해야 하기 때문이다. 그런데 사실 우리는 자신의 목표를 달성하기 위해 정말 아무렇지 않게 너무 많은 것을 희생하며 살 때가 많다.

완벽주의자들은 번아웃에 취약한 것으로 유명하다. 목표 달성을 위해 지나친 노력을 쏟기 때문이다. 아마 이 문장을 읽고 '나는 실제로 행동하는 건 없는데?' 혹은 '나는 결국 목표를 달성하지 못할 때가 많은데, 역시 나는 게으른 건가?'라고 생각할 수도 있다. 목표 달성을 위한 노력과 목표 달성을 위한 실제 행동은 구분되어야 한다.

책 원고 작성을 예로 들어보자. 책 원고 작성이 목표라면 실제로 책상 앞에 앉아서 원고를 한 줄이라도 적는 행동은 목표 달성을 위한 행위다. 반면에 '나는 이제 책 원고 작업을 해야 하니까 앞으로 친구들과 약속도 잡지 말고, 새로운 취미도 만들지 않고, 책 원고 작업이 끝날 때까지 책상 앞에 앉아 있어야지'라고 생각하고 행동하는 건 어떠한가? 원고 작업에 진척이 없음에도 불구하고 새벽까지 책상 앞을 떠나지 못하는 건 분명 노력이지만, 목표 달성에는 효과적이지 않은 노력이다. 더 이상 일을 할 수 없는 상태임에도 불구하고, 내가 원하는 만큼 목표를 달성하지 못했기 때문에 책상 앞에 나를 앉혀놓는 행위. 나는 이런 행위를 하는 시간을 '벌주는 시간'이라고 생각한다.

나도 오랫동안 나를 벌주며 살았다. 특히 첫 사업을 할 때, 나는 깨어 있는 모든 순간이 생산적이어야 한다고 믿었다. 내 삶의 모든 행위가 사업을 중심으로 돌아갔다. 사람을 만나도 사업을 위해 만났고, 운동도 사업가로서 체력을 단련하기 위해

했으며, SNS를 보더라도 사업과 관련된 콘텐츠만 보려고 했다. 사업과 관련 없는 즐거운 활동들을 하는 것은 사치라고 생각했다. 마음이 편한 관계이지만 딱히 사업에 도움이 되지 않을 사람들은 만나지 않았고, 좋아하는 소설책을 읽는 것도 시간 낭비라 여겼다. 나는 내가 너무 부족하다고 느꼈고, 그 부족함을 메우기 위해 끊임없이 노력해야 한다고 믿었다. 그렇게 나는 고립되고 있는지도 모르고 고립되고 있었다. 새벽 3시까지 잠이 오지 않아 소리를 지른 적도 있었으며, 밥을 먹어도 소화가 잘되지 않아 살이 빠지고 몸이 축났다. 내 몸과 마음은 비명을 지르고 있었지만, 어리석게도 나는 그게 성공을 알리는 팡파르로 들렸다. 성공하는 사람들이라면 이렇게 날카롭고 긴장된 정신 상태로 살아가는 법이라고 생각했다.

그런 시간들이 쌓이자 나는 결국 주저앉아버렸다. 쉽게 말해 망해버린 것이다. 3년이 지나자 더 이상 사업을 운영할 수 없는 상태가 되고 말았다. 대표인 내가 제정신이 아니니 직원들의 마음을 잘 챙길 수 없었다. 사업을 하면서 발생하는 크고 작은 위기를 감당하기에 나는 이미 몸도 마음도 너무나 약해져 있었다. 카드로 만든 성처럼 작은 바람을 이기지 못하고 결국 무너져 내렸던 것이다. 이렇게 깨져버린 나의 몸과 마음을 재건하는 데는 꽤 긴 시간의 치료가 필요했다. 그리고 번아웃을 야기하는

도대체 언제까지
달려야 끝나는 거야?

생활 습관을 변화시키기 위해서는 더 긴 시간이 필요했다.

목표 달성을 위한 지나친 노력에 빠져 있을 때의 무서운 점은 경고등이 울려도 알아차리지 못하는 경우가 많다는 점이다. 불안하고 무기력해지고, 삶에서의 즐거움이 사라지고, 집중력이 떨어지고, 일상이 더 이상 즐겁지 않은데도 그게 '정상적'이라고 생각하게 된다. 내면의 목소리는 마치 노동 착취를 일삼는 악덕 사장이 직원을 가스라이팅하듯, "원하는 것을 얻기 위해서는 이런 시간이 있어야 해", "지금 너는 너무 부족하잖아. 그러니까 남들보다 몇 배는 더 열심히 해야지"라고 윽박지른다. 어떤 희생이 있더라도 그 희생은 목표를 달성하는 순간, 모두 보상받을 수 있을 거라고 설득한다. 그 과정에서 힘든 것은 게으르고 나약한 탓이며, 힘든 감정이 올라오더라도 징징거려서는 안 된다고 말이다. 조금이라도 쉬고 싶어서 (혹은 살고 싶어서) 하는 행동들을 하나하나 검열하며 "네가 지금 이럴 시간이 있냐?"라며 조롱하기도 한다. 그래서 우리는 삶 속에서 경고등이 켜지고 있다는 걸 아는데도 애써 무시한다. 그렇게 시간이 흐르고 나서 '왜 나는 뭐 하나 제대로 한 것도 없는데 번아웃이 온 거 같을까?'라고 또다시 자신을 책망한다.

내 삶에 경고등이 켜졌다는 걸 어떻게 알아차릴 수 있을까? 다양한 방법이 있겠지만, 아주 간단한 방법은 나 자신에게 아주 솔직한 질문을 해보는 것이다. '네가 가장 사랑하는 사람이 너 같은 일상을 똑같이 살아간다면 어떻게 느낄 것 같니?' 만약 내가 가장 아끼고 사랑하는 사람이 나와 같은 일상을 살았을 때 괜찮다고 느껴진다면, 나는 괜찮은 신호라고 생각한다. 심리학자로서 밸런스 잡힌 일상을 중요하게 생각하는 편이지만, 인간으로서 목표를 달성하기 위해 전력 질주를 해야만 하는 시기도 있다는 걸 이해한다. 오랫동안 준비한 시험에 붙기 위해, 졸업 논문을 쓰기 위해, 중요한 목표를 달성하기 위해 일시적으로 밸런스를 깨고 목표에 온 힘을 쏟아야 하는 기간이 있다. 만약 스스로 그러한 사실에 납득이 된다면, 내가 사랑하는 사람이 이런 일상을 산다고 상상할 때, 안쓰럽지만 응원하는 마음이 들 것이다. 그런데 만약 내가 사랑하는 사람이 나 같은 일상을 살면 안 된다는 생각이 든다면, 내 삶에 켜진 경고등을 살펴볼 필요가 있다. 잠은 잘 자고 있는지, 밥은 잘 챙겨 먹는지, 충분히 휴식하는지, 즐거운 활동들을 얼마나 하고 있는지 살펴봐야 할 때인 것이다.

개인적으로 나는 죽도록 노력하자고 말하는 목소리에 반대한다. 죽도록 노력해야 생존할 수 있는 세상이라면, 바뀌어야 할 것은 개인이 아니라 세상이다. 기억하자. 죽도록 노력하다 죽은 사람은 말이 없다.

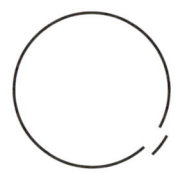

나는 삶의 가치를
어디에서 찾는 사람인가?
완벽주의가 불러온 성취 중독

오늘 날씨가 기가 막히게 좋다. 덥지도 춥지도 않고 미세먼지 까지 없는, 한국에서 만나기 힘든 봄날 중 최고의 하루다. 오늘 같은 날 나는 창문 밖 풍경을 멍하니 바라보며 생각한다. '오늘 완벽주의 책 원고를 쓸까? 아니면 센터 홈페이지 작업을 할까?' 물론 둘 다 하지 않고 놀고 싶은 마음이 간절하다. 하지만 둘 중 하나라도 해야 오늘을 '의미 있게' 보냈다고 느껴질 것 같다. 만약 둘 중 어느 하나를 하지 않으면 죄책감이 느껴질 것이다. 오늘 내가 적어둔 할 일 목록을 하나하나 수행해 지워나가며 하루를 끝내야 뿌듯할 것 같다. 그런데 동시에 이런 생각도든다. 그럼 내 삶은 매일의 할 일 목록을 다 해치우면 의미가 있

는 것일까? 내 시간의 의미는 무언가 해내고 성취하는 것에만
달려 있는 것일까?

완벽주의를 공부하며 마주했던 가장 슬픈 문장이 떠오른다.
"완벽주의자들은 수행과 성과를 과대평가하고, 자아를 과소평
가한다. 완벽주의가 있는 이들은 성과를 통해서만 자신이 존재
한다는 것을 안다."[4] 완벽주의자들이 그토록 성취를 중요시하
고, 실패를 두려워하는 모습을 보이는 걸 어떤 사람들은 이해
하지 못할 수도 있다. "왜 그렇게 긴장하며 살아?", "별거 아냐.
힘 좀 빼~" 같은 위로들이 완벽주의 성향이 있는 우리에게 와
닿지 않는 이유가 저 문장 안에 담겨 있다.

완벽주의자에게 성취는 무언가를 달성하기 위한 도구가 아
니다. 나라는 사람이 존재해도 된다는 허락의 기반이다. 다르게
이야기하면, 무언가 성취하거나 증명하지 못하면 존재할 가치
가 없다고 느껴지는 것이다. 나 자신의 존재가 달려 있는 일에
긴장하지 않을 사람은 없다. 그건 절대 별것 아닌 일일 수 없다.
내 시간과 에너지를 다 던져서라도 실패는 막아야 하며, 매 순
간은 의미와 쓸모가 있어야 하고, 지쳐 쓰러질 때까지 생산성
을 위해 최선을 다하는 것이 당연하다. 나의 가치란 성취 위에
서만 타당해질 수 있기 때문이다. 그래서 나에게는 저 이야기
가 슬프게 다가온다.

우리가 이렇게 길들여진 것은 슬프지만, 한편으로는 당연하다. 세상이 언제 우리를 환대했는가? 우리가 무엇을 성취할 때가 아니었는가? (혹은 성취할 때에만 국한되거나.) 학교를 다니면서 만점을 받으면, "잘했다", "멋지다"라고 칭찬을 받는다. 사회에 나와서도 좋은 성과를 내거나 조직에 기여했을 때 인정을 받는다. 우리는 내가 그냥 나인 것만으로는 충분하지 않다는 것을 무수히 많은 경험을 통해 체득한다. 더 나아가 그냥 나인 것만으로는 부족하다는 생각이 든다. 그 결과, 내가 만점을 받아야, 사랑하는 사람들을 기쁘게 해야, 좋은 고과를 받아야, 돈을 잘 벌어야 겨우 사람 자격이 있다고 생각하게 될지도 모른다. 좋은 사람이 되기 위해, 좋은 삶을 살기 위해 내 삶의 모든 순간을 투자하는 것은 너무나 자연스럽다고 느끼게 될지도 모른다.

성취를 위해 모든 시간과 에너지를 쥐어짜내는 사람에게 "도대체 왜 그렇게 사는 거냐"라고 물어보면, 이렇게 대답할지도 모른다. "생산적으로 살아야 내 삶이 가치 있는 것 같아요." 나는 이런 대답을 들으면 이렇게 반문한다. "그럼 장애인이나 노약자처럼 생산적일 수 없는 사람들의 삶은 무가치한 건가요?" 그 질문에 사람들은 대부분 "아니요"라고 답변한다. 왜냐하면 우리는 모든 사람들의 삶은 그 자체로 가치가 있다고 약속하고 이 사회를 구성했기 때문이다. 그럼에도 불구하고 우리는 이 약속을 믿지 않는다. '나는 존재 자체로 소중하다'라는 이 흔한 말을 살면서 체험해본 적이 없는데 어떻게 그 말을 믿을 수 있겠는가? 그래서 나도 누군가를 설득할 자신은 없다. 다만 묻고 싶다. 도대체 우리 삶의 가치는 어디서 오는 걸까?

"목적을 가지고 태어난 것들을 우리는 도구라고 부른다." 인터넷에서 본 글귀 중 가장 내 마음을 울렸던 문장이다. 도구는 도구로서의 효용을 다할 때만 가치가 있다. 망가져서 그 기능을 다하지 못하면 대체되는 것이 보통이다. 사람도 같은 기준으로 보는 게 타당한가? 나의 하루도 효용을 다해야만 의미가 있는 것일까? 만약 내가 작가로서, 심리학자로서 기능을 다하지 못하면 세상에서 사라져야 자연스러운 것인가? 나는 용기 내어 아니라고 말하고 싶다. 왜냐하면 나라는 사람은 기능하는 것 이상의 의미를 담고 있는 존재라고 믿고 싶기 때문이다. 나는 창작하고 코칭을 하는 사람이기 이전에 사랑하는 사람들과 애정을 나눌 수 있는 존재이고, 꽤나 마음에 드는 플레이 리스트가 있는 사람이고, 좋은 날씨를 경험할 수 있으며, 인간이 인간답게 사는 것은 무엇인가에 관해 고민하는 존재이기도 하다. 이러한 나의 존재 가치는 성취나 기능과 무관하다.

이런 설명들이 와닿지 않는다면, 내가 사랑하는 존재들을 떠올려보자. 나는 그 존재들이 무언가를 해내기 때문에 사랑하는가? 아니면 그 존재 자체로 사랑하는가? 나는 친구 민경이가 아무것도 성취하지 않더라도 그녀의 시니컬함과 섬세함을 사랑할 것이다. 은영이가 하던 일을 모두 관둬서 밥벌이가 어려워진다면 나는 그녀를 기꺼이 도울 것이다. 왜냐하면 그냥 그 사람이 이 세상에 존재하는 게 좋기 때문이다. 사랑하는 우리 집 고양이 이지는 숨만 쉬고 밥만 먹어도 예쁘고, 물만 마셔도 기특하다. 나도 누군가에게 이런 존재다. 무엇보다 바로 나 자신에게 나는 존재하는 것만으로도 중요한 사람이다.

물론 이 글을 쓰고 나서도 나는 내가 해야 할 일들을 성실하게 해낼 것이다. 매일의 할 일 목록을 흡족한 마음으로 하나하나 지워나가며 살 것이다. 하지만 동시에 진심으로 믿고 싶다. 이 모든 것들을 해내지 않더라도 나는 괜찮은 사람이라는 것을. 우리의 의미는 성취가 아니라 존재에서 온다는 사실을. 그리고 우리가 다 같이 이렇게 상상한다면, 그것이 우리의 현실이 되리라는 것을.

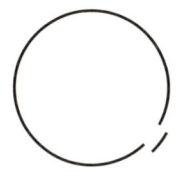

완벽주의,
무조건 없애야 할까?
완벽주의의 빛과 그림자

아마 여기까지 책을 읽으신 분들이라면 '이거 정말 내 이야기 같은데?'라는 생각이 들 수도 있을 것이다. 어쩌면 이 책을 읽고 완벽주의를 제대로 고쳐보고 싶다는 다짐을 하고 있을지도 모르겠다. 이런 생각이 들었다면, 한번 상상해보자. 완벽주의가 사라지면 내 삶은 어떻게 달라질까? 아침을 어떤 기분으로 시작하게 될까? 완벽주의가 내 삶에서 사라졌다는 것을 어떻게 확인할 수 있을까? 그런 나 자신을 보면 어떤 기분이 들까?

만약 당장 내 안의 완벽주의가 사라진다면, 나는 지금 쓰고 있는 이 글을 단 한 번의 수정 없이 일필휘지로 마무리했을 것 같다. 글을 마무리한 후에는 한 점의 찝찝함 없이 후련하고 뿌

듣한 마음이 들 것이다. 그리고 저녁 시간을 어떻게 하면 즐겁게 보낼지 고민했을 것이다. 그런데 이렇게 적고 보니 마음에 걸리는 것이 있다. 과연 완벽주의가 없어진 내가 쓴 글이 충분히 괜찮은 글일까? 고민하지 않고 써내려 간 글이 자기만족 이상의 효용이 있을까? 매일매일 즐겁게'만' 산다면 과연 내 글이나 내 삶에 발전이 있을까? 그게 내가 바라는 삶의 모습일지 의구심이 피어난다. 변화에는 양가감정이 동반되기 마련이다. 우리가 특정한 생각이나 행동 패턴을 반복했던 것은 그 행위가 주는 이득이 있었기 때문이다. 완벽주의 성향도 마찬가지다. 높고 경직된 목표를 설정하고, 실패했을 경우 가혹한 비판을 하는 것이 우리에게 유리한 부분이 있다고 판단했기 때문에 이러한 패턴을 반복해왔을 가능성이 높다.

이해를 높이기 위해 어쩔 수 없이 다시 나의 흑역사를 공유해보겠다. 첫 사업을 시작한 이후 나는 습관적인 번아웃에 시달렸다. 나는 사업을 할 때 필요한 정보들에 대해 아는 것이 별로 없었기 때문에 이런 부족함을 만회하기 위해서는 깨어 있는 모든 시간을 생산적으로 보낼 수밖에 없다고 믿었다. 마음 편히 쉬거나 한가롭게 시간을 보내기라도 하면 어김없이 죄책감이 따라왔다. 늘 긴장되어 있고 예민한 상태였다. 정신건강의 측면으로만 봤을 때, 나는 그다지 건강하지 않았다. 그러나 그 상태를 끊어내기가 어려웠다. 왜냐하면…… 많은 면에서 실제로 내가 잘해내고 있었기 때문이다!

주변 사람들은 열심히 일하는 내 모습을 인정해줬고 "어떻게 그렇게 모든 일을 다 해낼 수 있냐?"라며 칭찬했다. 일은 혼란스러웠지만 삶은 뚜렷했다. 사업을 안정시키고 확장한다는 명확한 목표가 있었고, 그 목표를 위해 노력하는 것은 누가 봐도 자연스러웠다. 그 과정에서 유능하고 성실하다는 평가를 받을 수도 있었다. 나 자신을 착취하는 게 대수인가? 어차피 그로 인한 영예도 나의 것인데. 내가 나 자신을 인정하지 않고 비난하면 뭐가 나쁜가? 덕분에 남들은 내 능력을 인정해주는데. 나 자신에게 너그러워진다면 지금까지 이룬 모든 것들을 유지할 수 없을지도 모른다.

내가 이렇게 살아봤기 때문에 나는 완벽주의 성향이 있는 이들에게 "이러한 성격 특성은 정신적으로 건강하지 않으니 무조건 바꿔야 한다"라며 공포심을 조장하고 싶지 않다(게다가 이건 사실이 아니기도 하다). 내향적인 성격의 장단점이 있는 것처럼, 완벽주의도 마찬가지다. 만약 지금의 성격 특성이 단점보다는 장점이 더 많다고 판단한다면 변화하지 않는 게 더 이득일지도 모른다. 다만 과거의 나를 만난다면, 변화의 저울을 한번 달아보라고 권하고 싶다.

살던대로
사는게 좋을까?

변해 보는게
좋을까?

'변화의 저울'을 만들어
비교해보기

변화의 저울을 만들어보는 방법은 간단하다. 빈 종이를 한 장 준비해 반으로 나눈다. 왼쪽에는 '1년 후에도 지금과 같은 모습으로 살고 있다면 어떨까?'를 생각하며 써본다. 삶의 다양한 영역에서 어떤 모습일지를 최대한 구체적으로 상상해서 써보는 것이다. 오른쪽에는 '1년 후 내가 바라는 모습으로 변화한다면 어떨까?'에 대해 써본다.

두 칸을 모두 채웠다면 한번 양쪽에 쓴 내용을 살펴보며 나에게 치명적이라고 느껴지는 부분들에 동그라미를 쳐서 가중치를 줘본다. 만약 1년 후에도 같은 모습이라고 했을 때, 모든 면에서 마음에 들지만 신체적 건강을 모두 잃을 것 같다는 생각이 든다면, 그 부분에 가중치를 두어야 할 것이다. 혹은 1년 후에 모든 것이 같아도 별달리 불만이 없지만, 변화했을 때 모습 중 하나가 내 마음을 설레게 한다면, 그 부분에 가중치를 두는 게 타당할 것이다.

이제 각 요소에 가중치를 주고 다시 한번 두 칸을 비교해보자. 어느 쪽으로 더 마음이 끌리는가? 여기서 정답이나 옳고 그름은 없다. 변화로 인한 이득이 잃는 것보다 더 크다고 느껴진

	1년 후에도 지금과 같은 모습이라면?	1년 후 내가 바라는 모습이라면?
사회생활	내가 좋아하는 사람들만 만나고 있다.	더 다양한 사람들을 만나고, 다양한 실패와 거절을 겪으며 넉살 좋은 사람이 되어 있다.
일/학업	일에서 안전한 확장만 하고 있을 것이다.	내가 해보지 못할 것이라고 생각한 도전을 최소 한 개는 해볼 것이다.
자산 상태	변화가 없을 것 같다.	아주 약간 증가할 것 같다.
신체적 건강	변화가 없거나 조금 지친 상태	온몸에 긴장이 조금은 풀려 있고, 활력이 있는 상태
정서적 건강	평화롭지만 설렘이 없는 기분이 들 것 같다.	살아 있다는 느낌이 들 것 같다.
가족/친구 관계	더 깊어지지는 않을 것 같다.	원래 친했던 관계에서 몰랐던 면들을 발견하고 한층 더 깊은 연결감을 느낄 것 같다.
나에 대한 감정	나쁘지는 않지만, 나 자신에 대한 자랑스러움이 없을 것 같다.	이 모든 변화를 거쳐온 나에 대한 자부심이 느껴질 것 같다.
기타	지금의 내 모습이 조금 지겹게 느껴질 것 같다.	더 변화할 수 있을 것이라는 희망이 느껴질 것 같다.

변화의 저울 쓰기 예시

다면, 나에게 이득인 쪽으로 한 발 내딛으면 된다. 반대로 변화하지 않아도 충분히 괜찮다고 생각된다면, 지금 상태를 유지하는 것도 좋은 선택이다. 만약 변화를 바라기도 하지만 또 한편으로는 변화하는 게 두렵고 불편하게 느껴진다면, 축하한다. 바로 그 양가감정이 변화가 이미 시작되고 있다는 증거이기 때문이다.

다행스럽게도(?) 이 책은 완벽주의를 뿌리 뽑기 위한 책이 아니다. 우리가 가진 성격 특성을 이해하고, 그 이해를 바탕으로 더 편안하게 살아가는 방법을 모색하기 위해 쓴 책이다. 방금 작성한 변화의 저울에서 오른쪽에 쓴 내용을 다시 보자. '1년 후 내가 바라는 모습' 중에 완벽주의가 완전히 없어져야만 가능한 것들이 있는가? 나는 1년 후 완벽주의가 있으면서도 더 다양한 사람들을 만나고, 다양한 실패와 거절을 겪으며 지금보다 넉살 좋은 사람이 될 수 있다고 믿는다. 바라는 모습이 되기 위해 우리 자신의 모든 것을 다 뜯어고칠 필요는 없다. 배에 난 작은 구멍 몇 개를 막지 않아도 돛이 펄럭인다면, 배는 원하는 곳으로 항해할 수 있다. 그거면 충분하다.

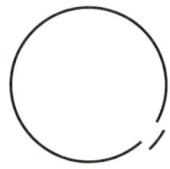

그대의 일상,
안녕하십니까?

일상 곳곳을 파고드는 완벽주의

완벽주의가 일에서만 발현된다고 생각하는 사람도 있을 것이다. 그러나 완벽주의는 성격 특성이기에 우리 삶 전반에 걸쳐 영향을 미친다. 평생에 걸쳐 이렇게 살아왔기 때문에 '그게 너무 당연한 거 아니야?'라고 생각하고, 나 자신의 특성에 대해 자각하지 못하는 경우도 많다. 그러나 일상의 다양한 영역에서 완벽주의가 어떤 식으로 영향을 끼치는지 이해하는 것은 변화의 시작이 될 수 있다.

일과 학업

일과 학업은 완벽주의자들이 자신의 완벽주의 성향을 가장 많이 깨닫게 되는 영역이다. 대학교 때 나는 B+를 받는 걸 견디지 못하는 학생이었고, 일을 할 때도 교과서가 있기를 바랐다. 열심히 노력해 정답을 맞히는 것이 당연하다고 생각했기 때문이다. 범위가 정해진 공부와 달리, 일은 아무리 해도 끝이 없었고 모르는 부분은 늘 생겼다. 내가 이렇게 부족하기 때문에 쉴 자격이 없다고도 생각했다. 일을 잘해내는 건 당연한 것이었기에 성취를 축하한 적이 없었고, 실수했다고 생각하면 내 뺨을 스

체크리스트

☐ 즐겁지 않은데도 과도하게 일을 한다.
☐ 일을 빼면 나 자신을 설명하기가 어렵다고 느껴진다.
☐ 일이 아니면 즐겁고 만족스러운 감정을 느끼기가 어렵다.
☐ 취미나 인간관계도 모두 일과 관련된 것들이 대부분이다.
☐ 누구를 만나도 일에 대한 이야기만 하게 된다.
☐ 반복적으로 번아웃이 찾아온다.
☐ 일에서의 실패가 나 자신의 실패처럼 느껴진다.

스로 때릴 정도로 나 자신에게 분노했다. 나는 나에게 너무나 엄격하고 혹독한 상사였고 불행히도 나는 이런 상사와 24시간을 함께 살아야 했다. 번아웃은 당연한 결과였다.

집 안 생활

사람들은 완벽주의 성향이 있는 나의 집이 굉장히 깔끔할 거라고 상상한다. 사실은 정반대다. 남편이 내게 늘 하는 말이 있다. "너는 진짜 청소를 잘하는데, 하질 않아." 나는 한번 청소를 하기 시작하면 굉장히 열정적으로 한다. 온 서랍을 다 꺼내놓고 쓸모없는 물건을 정리하는 편이다. 문제는 한번 청소를 시작하면 대청소를 해야 하니, 시작할 엄두가 안 난다. 합리적으로 생각했을 때, 지금 내 눈앞에 보이는 양말 하나라도 세탁기에 넣으면 아주 조금이나마 더 깨끗한 집이 될 거라는 사실을 안다. 그러나 양말 한 켤레를 치운다고 하더라도 집은 여전히 엉망일 것이다. 그러면 치우는 게 의미가 없다고 생각한다. 그렇게 집은 점점 더러워진다. 물론 청소를 할 시간이 충분하면 제대로 치울 것이다. 다만 그 적당한 시간이 영영 나지 않는 것뿐이다.

□ 집안일을 완벽하게 끝내지 않으면 찜찜하다.

□ 집이 깨끗하지 않으면 나 자신에게 화가 난다.

□ 사소하게 시작한 청소가 대청소가 될 때가 많다.

□ 청소하는 것이 즐겁지 않은데도 무리해서 하게 된다.

□ '치워야 하는데'라는 생각에 집에 와도 마음 편히 휴식하기가 어렵다.

사회생활

이런 나라도 집을 아주 꼼꼼하게 청소하는 날이 있다. 바로 집에 손님이 오시는 날이다. 집들이를 하는 날에는 세면대 비누부터 유명 브랜드 제품으로 바꿔놓는다. 화분의 시든 잎도 모두 떼어내고 손질한다. 테이블 세팅을 위해 모든 식기와 커틀러리까지 손님 수대로 똑같은 것으로 동일하게 챙긴다. '디테일이 생명이다'라고 생각하고 집 안 곳곳에 작은 티끌이 없는지 꼼꼼히 살핀다. 그러다 보니 우습게도 정작 손님이 오셨을 때는 지쳐 쓰러질 것 같다.

☐ 사람들에게 흠을 보이는 것을 극도로 꺼린다.
☐ 사적인 사정에 대해 양해를 구하는 것이 힘들다.
　　(예: 가족의 장례로 인한 일정 변경, 병가 등)
☐ 새로운 사람과 만나는 상황을 최대한 피한다.
☐ 늘 올바른 말을 해야 한다고 생각한다.
☐ 적절하게 처신하지 못했다고 느끼면 깊은 수치심을 느낀다.

신체적 건강/외모

대학원생 때 내 별명은 '건강염려증'이었다. 매일 건강하게 먹어야 한다는 생각에 토마토를 하나씩 챙겨 다녔기 때문이다. 과자나 라면도 일절 먹지 않았다. 식사를 많이 하면 공부할 때 나른해지는 게 싫어서 늘 소식했다. 그때의 나를 떠올리면 마치 발레리나 같다고 느껴진다. 아프고 싶지 않은 걸 넘어 아프면 안 된다고 생각했다. 아프면 일에 지장이 가고 효율이 떨어지니까. 체중에도 민감해서 애인에게 "내 팔뚝 두꺼워 보이지 않아?" 하고 몇 번이고 물어봤다. 다리가 두꺼워 보이는 게 싫어 매일 틈만 나면 마사지를 했다. 그때의 나는 건강해 보인다

☐ 아프거나 피곤해도 무조건 정해진 대로 운동을 한다.

☐ 체중이 500그램 내외로 변동해도 알아차린다.

☐ 매끼 건강하게 먹지 않으면 아프거나 큰일이 날 것 같다.

☐ 한 끼만 대충 먹어도 그날은 망했다고 생각하고 아무렇게나 먹을 때가 많다.

☐ 늘 단정하고 완벽한 모습을 보여야 한다고 생각한다.

☐ 스스로의 외모에 대해 지나치게 비판적이다.

는 말을 자주 들었는데 돌이켜보면 진짜 건강했는지 모르겠다.

정서적 건강

내가 감정에 대해 가장 많이 던졌던 질문은 '이렇게 느끼는 게 맞나?'였다. 고등학생 때 사회 선생님이 갑작스럽게 돌아가셨다는 이야기를 들었을 때 나는 도대체 얼마나 슬퍼해야 하는지, 어떻게 슬픔을 표현해야 하는지 알 수 없었다. 첫사랑과 헤어졌을 때 누구에게, 어떻게 이 무너지는 마음을 표현해야 하

- ☐ 감정에 정답이 있다고 생각한다.
  (어떤 상황에서 어떻게 느껴야 하는지)
- ☐ 지금 내 감정이 어떤지 언어로 표현하는 게 어렵다고 느낀다.
- ☐ 감정에 대해 '왜?'라는 질문을 할 때가 많다.
  (예: '왜 이런 감정을 느끼지?')
- ☐ 기분이 안 좋을 때, 나도 모르게 오랫동안 핸드폰을 하거나 과도하게 음식을 먹을 때가 많다.
- ☐ 내가 느끼는 감정을 두고 스스로를 비난하게 된다.

는지 몰랐다. 감정은 나에게 두려운 미지의 영역이었다. 내가 감정을 제대로 느끼면 그 감정에 집어삼켜질 것 같았다. 감정을 외면하는 것은 내가 아는 유일한 정서 조절 방법이었다. 우울해서 죽어버리고 싶을 때나 외로워서 숨이 막힐 때도 나는 늘 적절하게 행동하려고 노력했다. 그렇다 보니 힘들 때도 내가 그런 상태라는 걸 알아차리는 사람이 없었다. 언젠가 한 친구가 내게 이렇게 말해준 적이 있다. "너는 아무것도 필요 없는 사람 같아." 그때의 나는 그 말을 칭찬으로 들었다.

가족/친구 관계

친구들에게 혼자 서운함을 느끼고 멀어진 적이 몇 번 있다. 나는 친한 친구 사이라면 지켜야 하는 규칙이 있다고 생각했기 때문이다. '친한 친구라면 한 달에 최소 한 번은 만나야 한다', '일주일에 한 번은 연락해야 한다', '메시지를 보면 답장을 해야 한다' 등등. 이 규칙을 지키지 않는 친구라면 그만큼 나를 좋아하지 않는 것이라고 멋대로 판단하고 상처를 받았다.

체크리스트

☐ 가까운 사람에게 엄격하다. 화를 자주 내거나 잔소리를 많이 한다.

☐ 가족/친구에게 자신에게 적용하는 기준들을 똑같이 적용한다.

☐ 가족/친구가 그 기준을 지키지 못하면 비난받아 마땅하다고 생각한다.

취미

나는 오랫동안 유일한 취미가 운동과 독서였다. 이외의 취미는 쓸데없는 시간 낭비라고 생각했다. 한 달에 한 권은 영어책, 한 권은 한국어로 된 책을 읽었다. 사회과학 서적, 특히 심리학과 관련된 책만 읽었다. 또한, 머리글부터 맨 마지막 문장까지 모두 읽어야만 책 한 권을 읽은 것으로 쳤다. 내 계획대로 책을 읽기 위해 하루에 몇 챕터를 읽을지 나눠놓고, 매일 성실하게 읽었다. 책을 읽고 이해하는 것이 쉬운 취미였다면, 운동은 어려운 취미였다. 요가 수업을 들을 때 나 혼자만 못해서 너무 곤혹스럽고 좌절했던 기억이 생생하다. 너무 속상하고 나 자신에게 짜증이 나서 요가 수업을 듣다가 눈물이 났다. 이런 것들이 나의 취미였다니!

체크리스트

- ☐ 일 외의 취미가 없거나 일에 도움이 될 만한 취미만 한다.
- ☐ 취미도 꾸준히 해야 한다고 생각한다.
- ☐ 취미도 잘해야 한다고 생각한다.
- ☐ 취미도 일처럼 느껴져서 부담감이 느껴진다.

앞의 체크리스트들을 확인하며 자신의 모습을 발견했다면, 그 모습이 자신에게 어떻게 느껴지는지 한번 살펴보자. 이런 자신의 모습이 그럭저럭 만족스럽고, 이렇게 살아서 내가 얻는 이득이 더 많은 것 같다면, 굳이 이걸 문제라고 생각하지 않았으면 좋겠다. 어떤 사람들은 한번 청소를 하더라도 대청소를 해야 직성이 풀리고, 일도 취미처럼 몰입해서 해야 더 즐거운 경우도 있다. 다만 이러한 행동 패턴이 나에게 부정적인 영향을 미치고 있다고 생각된다면, 어떻게 바꾸고 싶은지 상상해보자.

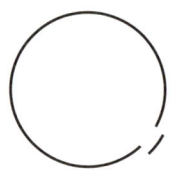

완벽주의는 절대
개인의 잘못이 아니다
완벽주의자들을 위한 변호

내가 완벽주의 성향이라는 걸 모르고 살았을 때, 나는 세상 사람들이 다 나 같은 줄 알았다. 내게 완벽주의 성향이 있다는 것도 오랫동안 부정했다(이렇게 부족한 나 따위가 완벽주의자일 리 없잖아?!). 완벽주의적 성격이라는 걸 인정하는 것은 쉽지 않다. 그런 성격인 것 자체가 자신의 흠결처럼 느껴지고, 내가 뭔가 잘못 살아서 이런 성격이 되었다고 자신을 비난하게 될 여지도 있기 때문이다. 위로가 될지 모르겠지만 완벽주의 성향은 지난 30년간 점점 증가하는 것으로 보고되고 있다.[5] 커런과 힐은 미국, 캐나다, 영국 대학생들을 대상으로 한 완벽주의 연구들을 종합해 분석한 결과, 1989년부터 2016년까지 완벽주의 성향이 세대를 거치며 증가했다고 보고했다. 연구자들은 이러한 결과가 크게 네 가지 요인에서 기인한다고 해석했다. 1) 신자유주의와 경쟁적 개인주의, 2) 능력주의 사회의 확산, 3) 부모의 양육, 4) 소셜 미디어의 등장이 바로 그 요인들이다.

성격이란 기질과 양육의 상호작용으로 형성된다고 여겨진다. 즉, 우리는 완벽주의자의 기질을 타고나기도 했지만 완벽주의자로 양육되기도 했다는 것이다. 부모님께는 유감스러운 말이지만, 내가 이런 성격이 된 데는 부모님의 영향도 적지 않다. 나는 완벽주의 성향을 지닌 분들을 만날 때 우스갯소리로 "완벽주의는 3대를 갑니다"라고 말씀드린다. 나의 완벽주의를 이해하기 위해서는 우리 외할머니 이야기를 해야 한다.

나는 살면서 외할머니가 잠옷을 입고 계신 모습을 단 한 번도 본 적이 없다. 외할머니는 늘 우아한 실내복 차림으로 우리를 맞이하셨다. 직계 자손이 아닌 사위라도 오는 날에는 화장까지 곱게 하고 계셨다. 외할머니의 이런 성정을 제일 잘 보여주는 에피소드가 있다. 어느 날 외할머니가 집에서 크게 넘어지신 적이 있었다. 머리를 부딪쳐 정신을 잃으려는 찰나, 외할머니는 '이런 편한 차림으로 응급대원에게 발견되면 무슨 망신인가!'라는 생각에 벌떡 자리에서 일어나셨다고 한다. 타인에게 흐트러진 모습을 보이는 걸 극도로 싫어하셨던 외할머니는

딸인 우리 엄마에게도 비슷하게 엄격한 잣대를 들이대며 키우셨다. 외할머니의 엄격한 기준을 충족시켜 인정받으려 분투했던 엄마는 '평범한 것'을 지독히도 경멸하는 사람으로 자랐다.

어릴 때 나는 글쓰기 대회에 나가 가끔 상을 받았다. 자랑스러운 마음에 엄마에게 상 받은 글을 보여드린 적이 있는데, 그때 엄마가 했던 말이 아직도 마음에 남아 있다. "얘, 이렇게 뻔한 글로 종이 낭비하지 말렴." '탁월한 성취를 해내야 사랑받고 인정받을 수 있다', '흠이 있으면 사랑받을 수 없다'라는 믿음은 이렇게 대를 거쳐 내려오게 된다. 실제로 부모의 엄격한 양육 태도와 완벽주의 성향 사이의 관계는 오랫동안 연구되어왔으며, 부모의 높은 기대와 실수에 대한 엄격한 비난이 자녀의 완벽주의 성향을 설명하는 주요 변인으로 밝혀졌다.[67]

우리의 성격은 진공상태에서 형성되지 않는다. 우리는 태어날 때부터 죽을 때까지 사회와 상호작용을 하며 살아간다. 우리 사회를 되돌아보면 우리가 완벽주의자로 자라나는 게 너무나 당연한 결과라고 느껴진다. 완벽주의 성향을 가진 사람들의 두드러진 특성 중 하나는 '실패에 대한 두려움'이다. 이러한 믿음이 반박되기 위해서는 '실패해도 괜찮다'는 깨달음을 주는 경험이 필요하다. 그러나 우리 사회가 실패를 용납해주는 그런 호락호락한 사회인가?

내가 고등학교를 다닐 적만 하더라도 시험이 끝나면 전교생의 등수를 전지에 출력해 복도에 붙였다. 학생들은 친구들과 함께 어울려야 한다는 협동심보다 남들보다 잘해야 한다는 경쟁심을 배우며 학교를 다녀야 했다. 나이가 들수록 그 기준은 조금씩 더 촘촘해졌다. 공부만 잘해서는 안 된다. 인간관계도 좋아야 한다. 성격은 둥글둥글해야 하고, 외모는 호감형이어야 하고, 몸매는 적당히 관리해야 하고, 연봉은 얼마 이상이어야 하고, 배우자의 조건은 부끄럽지 않을 정도여야 한다. 사회가 정해놓은 끝도 없는 기준들이 우리를 시시각각 평가하기 시작한다. 그중 하나라도 충족하지 못하면 '실패한 사람'으로 여겨지기 십상이다.

그리고 그 실패는 오롯이 우리 자신의 탓이다. 왜냐하면 우리가 제대로 '노오력'만 했더라면 성공할 수 있었을 테니까. 경쟁에서 이기고 싶다면 공부를 열심히 하면 된다. 취업을 잘하고 싶다면 스펙을 잘 쌓으면 된다. 연봉을 높이고 싶다면 실력을 갈고닦으면 된다. 그 모든 건 개인의 노력에 달렸다. 불우한 가정환경은 핑계에 지나지 않는다. 번아웃? 그것도 꾀병이다. 우울과 불안은 정신머리만 똑바로 차리고 있으면 된다. 인간의 가치를 성취와 생산성으로 판단하면서, 그 모든 가치와 생산성이 개인의 노력 여하에 달려 있다고 믿게 만드는 사회라면, 누가 자신을 채찍질하지 않을 수 있을까? 이쯤 되면 우리 사회가 완벽주의를 은근하게 장려하고 있지는 않은지 의심하게 된다. 노동자가 자신을 쥐어짜내며 노력하고, 생산성을 위해 자신의 삶을 희생할 때, 그 이익은 과연 누구에게로 돌아가게 되는 것인지 생각하게 된다.

완벽주의 성향은 개인의 탓이 아니다. 타고난 기질과 양육 환경, 사회의 부적절한 협업의 결과물인 것이다. 그러나 안타깝게도 완벽주의 성향으로 인한 결과는 개인의 책임으로 남는다. 나는 이러한 상황을 변화시키는 단초가 '한 인간의 가치는 무엇으로 구성되는가?'라는 질문을 던지는 데서 시작된다고 생각한다. 인간의 가치는 그의 성취와 타인의 인정에 달려 있는가? 아니면 그 존재 자체에서 기인하는가? 만약 전자라면 우리는 끊임없이 높은 기준을 추구하며 성취와 인정을 위해 분투하는 게 마땅할 것이다. 그러나 후자라면 나 자신으로 살 권리가 있다고 믿을 수 있는 기반이 된다.

나는 후자라고 믿고 싶다. 왜냐하면 나는 내게 완벽주의 성향이 있어서, 양극성 장애 특성으로 정신과 약을 먹는다고 해서, 나 자신을 흠이 있는 상품으로 보고 싶지 않기 때문이다. 나는 살면서 크고 작게 실패했으며, 앞으로도 여러 시행착오를 겪을 것이며, 인간으로서 미성숙하고 치졸한 면이 있고, 오만하게 누군가를 판단하기도 하고, 그 결과 누군가에게 상처를 주기도, 혹은 상처를 받기도 한다. 그럼에도 불구하고 나는 내가 존재할 가치가 있다고 생각한다. 이런 글을 쓰고 책을 펴낼 수 있어서 나라는 사람이 가치 있는 게 아니라, 그 무엇도 성취하지 않더라도 그냥 나라는 인간으로 존재해도 괜찮다고 진심으로 믿는다. 또한, 나와 같은 평범한 인간인 당신 역시 있는 그대로 존재해도 괜찮다고 믿는다. 이러한 믿음이 누군가에게는 망상처럼 느껴질 수도 있겠지만, 나는 변화를 위한 상상이라고 말하고 싶다.

한 끗의 유연함이
일상을 부드럽게 만든다

────────── ╲ ──────────

: 꽉 막힌 숨통을 틔워주는 유연한 사고의 기술

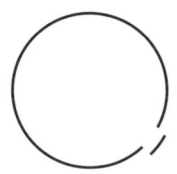

현실을 가려버리는
색안경을 버리자
'인지적 왜곡' 알아차리기

원고를 쓰려고 빈 화면을 바라보는 것만큼 막막한 시간이 없다. 머릿속에서는 온갖 부정적인 생각이 떠오르기 시작한다. '이런 내용이 재미있을까?' '지금까지 쓴 원고 모두 별로인 것 같아.' '나는 책을 끝까지 완성하지 못할 거야.' '나는 이런 내용의 책을 쓸 만큼 지식이 충분하지 않아.' '이런 내용은 이미 다른 책에 다 있는 거잖아.' '책이고 뭐고 포기하고 싶다.' 이렇게 생각하다 보면 숨 쉬는 게 답답하게 느껴진다. '오늘 쓰지 말고 다른 날 다시 시도해볼까?' 하는 유혹도 느껴진다. 이런 생각들은 내가 실제로 원고를 쓰는 데 아무 도움도 되지 않는다. 그리고 다시 한번 되짚어보면 사실이 아닌 생각들도 많다. 나의 왜곡된 생각들이 글쓰기를 방해하고 있었던 것이다.

완벽주의의 인지행동 모델에서는 완벽주의자의 왜곡된 생각이 감정과 행동에 부정적인 영향을 미친다고 설명한다.[1] 인지적 왜곡(cognitive distortion)은 학자마다 정의가 조금씩 다르지만, 보통 중립적인 사건에 대해 지나치게 부정적이거나 비현실적으로 해석하는 생각의 경향을 의미한다.

예를 들어 설명해보자. 나의 프리랜서 동료 A씨는 나와 달리 이른 아침에 일어나 작업하는 것이 습관이다. 그런데 아침에 늦잠을 자는 날이면 그날 하루는 망했다고 생각한다. 그런 날이면 이미 지금 무엇을 해도 늦었다는 생각에 아무것도 하지 않고 죄책감에 시달리며 하루를 보낸다고 이야기했다. 그런데 놀랍게도 A씨가 늦잠을 자고 일어났다는 시간은 오전 10시였다. 그의 말이 놀라웠던 이유는, 나는 보통 10시에 일어나기 때문이다. A씨와 나는 동일한 시간에 일어났음에도 이에 대한 해석이 다르기 때문에 완전히 다른 하루를 보내게 된다.

이렇게 극단적인 경우가 아니더라도 동일한 상황에 대해 서로 다른 해석을 해서 놀랐던 경험이 다들 있을 것이다. 여행에서 갑자기 길을 잃어 헤매는 경우를 생각해보자. 빨리 목적지에 가야 한다는 생각에 마음이 조급한 사람이 있는 반면, 헤매는 것까지 여행의 일부라며 느긋한 사람도 있다. 이처럼 우리가 어떤 생각을 하고 있느냐에 따라 우리가 느끼고 행동하는 것이 달라질 수 있다.

생각은 마치 안경과 같다. 아무리 해가 쨍쨍한 낮에도 어두운 선글라스를 쓰고 있으면 세상이 어둡게 보이고, 안경이 깨져 있거나 얼룩이 묻어 있으면 세상이 왜곡되어 보일 것이다. 이런 상황에서 우리는 자신이 안경을 쓰고 있다는 사실을 자각하고 있으므로 세상이 갑자기 어두워지거나 왜곡된 것이 아니라, 단지 내가 쓴 안경 때문에 그렇게 보인다는 사실을 안다.

생각도 마찬가지다. 생각은 상황에 대한 우리의 해석일 뿐 객관적인 현실과는 구분될 때가 많다. 그러니 '아닌데? 나는 진짜 부족하고 게으른 사람이 맞는데?'라는 반발이 든다면 이렇게 생각해보자. 지금 이 자리에서 내가 최고라고, 완벽한 인간이라고 '생각'한다고 해서 그것이 사실이 되는가? 당연히 아닐 것이다. 그 반대도 마찬가지다. 아무리 내가 나 자신을 한심하고 쓸모없는 인간이라고 생각하고 느낄지라도 그게 곧 현실은 아니다.

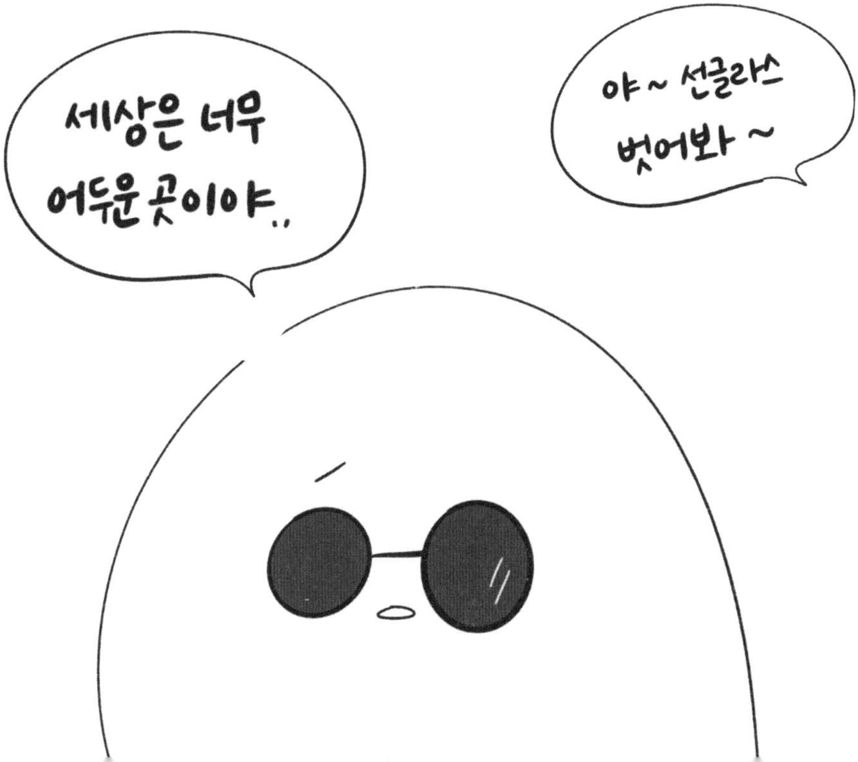
세상은 너무
어두운 곳이야..
야~ 선글라스
벗어봐~

인지적 왜곡을 수정하는
두 가지 방법

생각과 현실을 구분하고, 나에게 도움이 되지 않는 인지적 왜곡을 수정하려면 어떻게 해야 할까? 내가 코칭에서 안내하는 방법은 두 가지다. 첫 번째는 완벽주의자들이 자주 사용하는 인지적 왜곡의 종류를 미리 파악하고 있는 것이다. 지금 내가 하는 생각이 많은 완벽주의자들이 범하는 인지적 왜곡의 한 종류라는 걸 아는 것만으로도 그 생각을 수정하는 데 도움이 된다.

두 번째 방법은 내가 하는 생각이 '1) 현실적인가?, 2) 도움이 되는가?'를 각각 구분해보는 것이다. 예를 들어, '나는 책을 완성하지 못할 것이다'라는 생각은 현실적이지 않다. 나는 이미 여러 권의 책을 써본 적이 있으며, 그때마다 힘들어했지만 늘 마감을 지키며 원고를 마무리했기 때문이다. '나는 이런 내용을 책으로 쓸 만큼 지식이 충분하지 않아'라는 생각은 현실적일 수도, 아닐 수도 있다. 그런데 이 생각이 내가 원고를 쓰는 데 도움이 되는가? 전혀 도움이 되지 않는다. 만약 실제로 내 지식이 부족하다면 그 부분에 대해 더 공부하면서 책을 쓰면 된다. 이처럼 왜곡된 사고를 반박하거나 도움이 되는 생각으로 바꿔보는 것은 내가 원하는 목표를 달성하는 데 도움이 될 수 있다. 이를 표로 정리해보면 아래와 같다.

촉발 사건	믿음과 생각	결과
원고를 쓰려고 노트북을 켜고 자리에 앉음	'지금까지 쓴 원고 모두 별로인 것 같아.' '나는 책을 끝까지 완성하지 못할 거야.' '나는 이런 내용의 책을 쓸 만큼 지식이 충분하지 않아.' '이런 내용은 이미 다른 책에 다 있는 거잖아.'	**감정** 불안함 초조함 답답함 **행동** 핸드폰으로 딴짓함 글쓰기를 미룸

도움이 되는 믿음과 생각으로 바꾸기	결과
'나는 지금까지 완벽주의자 고객을 많이 만났고, 도움을 준 경험이 있어. 이 책도 분명 도움이 될 수 있을 거야.' '나는 박사학위 졸업논문으로 완벽주의와 자기자비를 연구했어. 적어도 일반적인 독자분들보다는 이 주제에 대해 아는 게 많을 거야.' '만약 원고가 정말 재미가 없다면 편집자님이 피드백을 주실 거야. 그때 수정해도 충분해.'	**감정** 편안해짐 용기가 생김 **행동** 글쓰기를 시작함 부족한 부분에 대해 논문을 찾아봄

왜곡된 믿음과 생각을 도움이 되는 방향으로 바꾸기 예시

인지적 왜곡	설명	예시
흑백 사고	기준을 완벽히 충족하지 못하면 실패라고 생각하는 것	"좋은 책을 쓰지 못하면 난 실패자야."
선택적 추상화	부정적인 정보에만 초점을 맞추고 전체를 해석하는 것	"원고에 대한 좋은 피드백을 받지 못했다는 건 역시 내 원고가 별로라는 증거야."
파국화	특정 사건의 여파를 최악의 시나리오로 상상하는 것	"이 책이 실패한다면 나는 심리학자로서도 실패할 거고, 결국 나는 내가 원하는 건 아무것도 이루지 못할 거야."
개인화	특정 사건에 대한 책임을 모두 자기 탓이라고 생각하는 것	"이 책이 잘 팔리지 않는다면 그건 내가 형편없어서야."
독심술	타인의 생각을 짐작할 수 있다고 가정하는 것	"편집자님도 나를 한심하게 생각하시겠지?"
낙인찍기	자기비난적 사고를 자신의 정체성으로 형성하는 것	"나는 한심하다." "나는 무능하다." "나는 사기꾼이다."
당위적 진술	'~해야 한다.' '~하지 않으면 안 된다.'	"나는 좋은 원고를 써야만 해."

완벽주의자들이 범하는 인지적 왜곡의 종류

지금 나의 목표를 방해하고 있는 생각은 무엇인지 살펴보자. 직접 글로 써보는 것도 좋다. 한번 내 생각들을 눈으로 확인해보자. 그 생각들에 동의할 수 있는가? 반박의 여지는 없는가? 만약 그 생각들이 사실이라고 하더라도, 그런 생각을 하는 게 나 자신에게 도움이 된다고 생각하는가? 만약 아니라면 어떤 생각으로 바꾸는 게 도움이 될까? 이런 과정이 '정신 승리'라고 느껴질 수도 있겠다. 그러나 잘 생각해보면, 내 정신에 내가 패배할 필요도 없지 않겠는가?

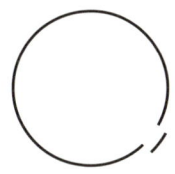

완벽과 실패 사이의 중간 지대를 인지하자

흑백 사고 늘려 보기

"나의 지금까지 경력을 보면 제대로 한 게 없는 것 같아." "오늘 아무것도 한 거 없이 게으름만 피웠어." "나는 회피만 하는 사람이야"라는 한탄을 코칭할 때뿐만 아니라 주변에서도 정말 많이 듣는다. 완벽주의자의 대표적인 생각 습관 하나를 꼽자면 '흑백 사고'를 꼽을 수 있다. 완벽주의자의 흑백 사고란 '완벽히 한 것이 아니면, 실패나 다름없다'라고 생각하는 것이다. 무엇이든 '당연히' '제대로' 해내야 한다는 생각은 완벽주의자들을 위축시키기 쉽다.

운동을 하고 싶지만 제대로 하지 못할 것 같다는 생각에 포기하기도 하고, 집 청소를 하고 싶지만 대청소를 할 자신이 없어 시작도 하기 전에 기운이 빠지기도 한다. 좋아하는 사람 앞에서 완벽한 모습을 보여야 한다는 생각에 부담스러워 만남을 피하기도 하고, 이직을 하고 싶지만 지금 경력으로는 충분하지 않다는 생각에 시도조차 못하기도 한다. '나는 지금 이대로 충분하지 않아'라고 생각하다 보면 자존감이 떨어지게 되고, 자존감이 떨어지니 시도할 용기를 내지 못하고, 실제로 성취하는 경험이 적어지는 악순환에 빠질 때도 있다. 이처럼 '100이 아니면 0이다'라는 믿음은 지금까지 우리가 이루어온 모든 것들을 0에 가깝다고 생각하게 만든다.

자존감이 낮아서 고민인 완벽주의자들이 그 고민을 해결하기 어려운 이유도 여기에서 찾을 수 있다. 완벽주의자 입장에서 자존감을 올리는 방법은 100점을 맞는 것인데, 100점을 받기 위해서는 엄청난 노력을 해야 할 것 같고, 막막하니 노력 자체를 시도하지 않게 되고, 그러다 보니 회피하는 자신을 보며 자존감이 더 떨어지게 되는 것이다. 완벽주의자들이 자존감을 올리기 위해 제일 처음 해야 하는 것은 무언가 더 노력하는 것이 아니다. 그보다는 지금까지 해온 노력들을 제대로 인정하는 것부터 시작하는 게 더 도움이 될 때가 많다.

나는 완벽주의가 있는 고객분들께 '칭찬 일기 쓰기'를 과제로 제안드릴 때가 많다. 오늘 하루를 돌아보며 잘한 일 세 가지를 찾아서 메모하는 것이다. 단, 규칙이 하나 있다. 칭찬 일기에 쓰기 위해 무언가 억지로 더 하는 것이 아니라 오늘 했던 일들 중에 잘했던 점들을 '발견'해주는 것이다. 지금 잠깐, 오늘 하루 내가 잘한 일들을 발견해보자. 아마 처음에는 '난 오늘 잘한 일이 하나도 없는데?' 하는 생각이 들지도 모르겠다. 그런데 이 책을 읽을 수 있는 시간을 누리고 있는 건 아마 오늘 하루 삶을 영위하기 위한 기본적인 자기돌봄(밥 먹기, 자기, 씻기 등)을 수행했기 때문에 가능했을 것이다. 게다가 자신을 이해하고 더 잘 살아가기 위해 이렇게 책을 읽고 있다는 것 자체가 칭찬받을 일 아닌가?

'뭐 겨우 이런 걸로 칭찬을 한다고?'라며 어이없어하는 얼굴이 스쳐가는 것 같기도 하다. 그렇다면 칭찬받아 마땅한 대단한 하루는 어떤 모습인지 궁금하다. 어제나 오늘 내가 보낸 하루가 만족스럽지 않다고 판단된다면, 내 기준에서 100점짜리 하루는 어떤 모습인지 구체적으로 상상해보자. 어떤 것들을 해내야 100점짜리 하루인가? 여력이 된다면 100점짜리 하루의 구체적인 요소들을 적어보자. 반대로 0점짜리 하루는 어떤 모습인가? 0점짜리 하루와 100점짜리 하루의 모습을 둘 다 떠올려봤다면, 이번에는 50~60점 정도를 줄 수 있는 하루의 모습을 그려보자. 어떤 것들을 해내고, 어떤 것들을 해내지 못했을 삶은 흑백이 아닌 우수한 그라데이션！

때 이 정도의 점수를 줄 수 있는가? 기준을 마련했다면, 그 기준에 맞춰 오늘은 100점 만점 중 몇 점을 줄 수 있는 하루인지 객관적으로 평가해보자(개인적으로 이렇게 책을 읽고 있는 것만으로도 +30점은 주고 시작해야 한다고 생각한다). 높은 확률로 0점짜리 하루는 아닐 것이다. 당신의 하루를 0점이 아닐 수 있게 만들어준 행동들, 그 행동을 인정해주는 것이 칭찬 일기의 핵심이다.

'이렇게 작은 일로도 나를 칭찬해주다 보면 내가 안이해지지 않을까?'라는 걱정이 드는가? 그렇다면 나는 반대로 물어보고 싶다. 작은 일 하나 인정해주지 않고 각박하게 사는 그 일상은 생산적이고 즐거웠는가? 흑백 사고에서 벗어난다는 것이 무조건적으로 나를 인정해준다는 의미는 아니다. 그보다는 객관적인 매니저처럼 나 자신의 수행에 대해 공정한 평가를 다시 내려보는 것에 가깝다. 객관적인 매니저라면 부하 직원의 수행을 0과 100, 둘 중 하나로만 평가하지는 않을 것이다.

또한, 무조건 부정적인 측면만 집중해서 평가하는 것도 객관적인 평가와는 거리가 멀다. 잘해낸 부분을 잘 관찰해서 인정해주고, 더 발전할 수 있는 부분에 대해서는 제대로 피드백을 해주는 것이 객관적인 매니저의 역할이다. 나 자신에 대해 특별히 더 너그러워질 필요는 없다(물론 그럴 수 있다면 좋겠지만!).

그저 제대로 해낸 것들에 대해서는 그에 맞는 인정을 해주는 것. 그거면 충분하다.

완벽주의자들에게는 60점짜리 나 자신과 60점짜리 하루가 실패처럼 느껴질 수도 있다. 하지만 60점은 절반 이상의 점수다. 40점이라면 2/3 이상이다. 1점이라면 적어도 0점은 아니다. 1점인 날을 인정해주는 연습을 하지 않는다면, 100점의 날이 와도 그걸 어떻게 인정할 수 있을까? 자신의 경력을 돌아봤을 때 제대로 한 게 없는 것 같다면 한번 생각해보자. 어떻게 제대로 하지 않았는데도 경력이 존재하는가? 오늘 한 게 아무것도 없는데 어떻게 생존해 있는가? 회피하고 싶다는 마음은 어떻게 직면해서 알아차릴 수 있었는가? 지금 부족하게 보이는 것들은 사실 채워진 것들이 훨씬 많기 때문에 보이는 구멍들이 아닌가? 삶의 모든 구멍을 없앨 수는 없다. 평범한 사람이라면 누구나 채워진 부분과 구멍이 공존한다. 그리고 안타깝게도, 그리고 다행스럽게도 우리는 대부분 평범한 사람들이다.

자신의 보통인 면들을 발견해주었으면 좋겠다. 50점 정도의 경력, 40점 정도의 하루, 70점 정도의 관계. 100점은 아니더라도 모두 내가 애써서 이루어낸 것들이다. 실패한 경력, 실패한 하루, 실패한 나라고 생각했던 것들을 다시 관찰해보자. 사실 평범한 모습들은 아닌지. 마지막으로 묻고 싶다. 이 모든 부분에서 0점이 아니라면 어떻게 그럴 수 있었는가? 얼마나 애를 써서 그렇게 될 수 있었는지 한번 되돌아 생각해볼 일이다.

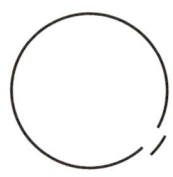

부정적 자기 편견에서 자유로워지자

객관적으로 바라보기

"완벽주의 성향이 있는 사람들은 어떻게 칭찬을 해줘야 해? 어떤 좋은 말을 해줘도 믿지를 않는 것 같아"라고 친구가 나에게 진심으로 궁금한 듯 물어본 적이 있다. 완벽주의자를 대상으로 한 코칭이나 워크숍에서 내가 마주하는 어려움도 비슷하다. 코칭은 고객의 강점을 함께 발견하고, 그 강점을 통해 성장하는 방법을 나누는 과정이다. 그런데 완벽주의 성향이 있는 분들은 자신의 좋은 점이나 강점을 떠올리는 것 자체를 어려워하거나 불편해하는 경우가 많다. 자신에 대한 칭찬 자체를 정신 승리라고 느끼는 분들도 있고, 자신에 대해 '너무' 너그러워지면 이기적이거나 합리화하는 사람이 될까 봐 두려워하는 것이다. 이들은 칭찬을 받더라도 "아니에요"라며 손사래를 치거나 "누구나 할 수 있는 일인데요"라며 극도로 겸손한 태도를 보인다. 우리는 언제부터 자신의 부정적인 측면에 집중하는 것을 객관적인 태도라고 착각하게 된 것일까?

완벽주의자들이 자주 보이는 생각의 오류 중 하나는 선택적 사고(selective attention)다. 자신의 부정적인 면만 강조해서 보고, 좋은 점들은 무시하는 것이다. 피드백을 받았을 때 좋은 점이 10가지가 쓰여 있어도, 부정적인 말 하나가 있으면 그 지적 사항 하나만 머릿속에 맴돌았던 경험이 누구나 있을 것이다. 인간이라면 누구나 긍정적인 자극보다 부정적인 자극에 더 주의를 집중할 수밖에 없다. 그런 성향을 가진 조상님들이 생존에 더 유리했기 때문이다.

문제는 완벽주의 성향이 높을수록 그렇지 않은 사람들에 비해 부정적인 자극에 훨씬 더 집중하게 되는 것이다. 실제로 하월과 동료들이 실시한 연구에서 완벽주의 성향이 높은 집단은 그렇지 않은 집단에 비해 실험에서 제시되는 부정적인 단어에 훨씬 더 많은 시간과 주의를 쏟는 것으로 나타났다.[2] 완벽주의자들이 힘든 이유는 이들이 외부의 부정적인 자극뿐만 아니라, 자신의 부정적인 특성에 대해서도 훨씬 더 많은 주의를 기울이기 때문일 때가 많다.

많은 학자가 이런 완벽주의 특성을 두고 '자기 자신에 대한 편견'이라고 칭하는 것도 무리가 아닐 것이다. 우리가 무언가에 편견을 가지고 있으면 그 편견에 대한 정보만 더 많이 보이게 되고, 편견에 부합하지 않는 정보는 무시하게 된다. 예를 들어, 나는 고양이가 아주 귀엽고 사랑스러운 동물이라는 편견을 가지고 있는 집사다. 길에서 고양이를 볼 때도 한가롭게 볕을 쬐고 있거나 지나가는 사람들에게 친근하게 몸을 부비는 모습을 유심히 보게 된다. 내 머릿 속에서 고양이가 작고 귀여운 어린 새를 사냥하는 야생 본능이 있는 동물이라는 정보는 무의식적으로 누락된다.

고양이의 그런 모습이 나쁘다는 게 아니다. 다만 내가 가진 고양이에 대한 편견에 부합하지 않기 때문에 그런 모습에 대해서는 생각하지 않는다는 것이 핵심이다. 만약 이런 편견을, 그것도 부정적인 편견을 나 자신에 대해 가지고 있다면 어떨까? 자신이 가지고 있는 다양한 모습을 객관적으로 보기보다는 자신이 가진 편견에 들어맞는 모습만 더 보게 될 수밖에 없다.

그림자 뒤에는
늘 빛이 있다는 걸 잊지마

부정적 증거 이면에 존재하는
긍정적 증거를 찾아보자

편견을 없애기란 쉽지 않다(정치 성향이 다른 친척들과 정치 이슈로 토론을 해본 적 있는 사람들이라면 공감할 것이다). 나 자신에 대한 편견도 마찬가지다. 내가 바보 같고, 한심하고, 모두를 속이고 있는 사기꾼이라는 편견에서 벗어난다는 것 자체가 객관적인 사실을 왜곡하는 것처럼 느껴질 수도 있다. 나 자신에 대한 부정적인 믿음들에 관한 증거가 너무나 확고하고, 엄청나게 넘쳐나서 머릿속에 '나 자신에 대한 부정적인 증거들' 파일 목록을 위한 창고가 있을 수도 있다. 이 창고를 없애기란 쉽지 않다.

대신 나는 아주 작은 서랍 하나 정도를 마련해볼 것을 제안하고 싶다. 이 서랍은 나 자신에 대한 긍정적인 정보가 담긴 서랍이다. 나 자신에 대한 부정적인 증거를 하나 떠올리고, 이면에 있는 긍정적인 증거 하나를 찾아보자. 예를 들어, '나는 이기적이다'라는 문장이 떠올랐다면, '나는 나의 감정과 욕구를 존중한다'라는 문장을 찾아보는 것이다. '내 원고는 엉망이다'라는 부정적인 증거는 '그래도 나는 원고를 썼다'라는 긍정적인 증거가 선결되어야 가능하다.

나 자신을 객관적으로 바라본다는 것은 나의 입체적인 면을

나에 대한 부정적인 증거	그와 연관된 긍정적인 증거
'나는 늘 실패만 하는 사람이다.'	'실패했다는 것은 적어도 도전해 봤다는 증거다. 나는 실패에도 불구하고 자주 도전하는 사람이다.'
'나는 주변 사람들을 실망시킨다.'	'주변에 사람들이 있고, 이들을 실망시켰는데도 내 곁에 사람들이 있다는 건 내가 괜찮은 사람이라는 증거일 수 있다.'
'나는 정말 게으르다.'	'내가 게으르다고 느끼는 것은 내가 하고 싶은 것들, 해야 한다고 느끼는 것들이 있었기 때문이다. 나는 포기하지 않고 해내고 싶어 하는 사람이다.'
'나는 사회에 제대로 적응하지 못하는 사람이다.'	'대다수가 사회에 적응했는데, 나는 못하는 것이라면, 어쩌면 나는 희소가치가 있는 사람일 수도?!'

부정적 증거와 긍정적 증거 쓰기 예시

모두 인정해준다는 뜻이다. 그림자는 빛 없이 존재할 수 없다. 마찬가지로 우리가 약점이라고 지각하는 대부분의 특성은 그 이면에 강점이 함께한다. 나의 강점이나 좋은 점을 많이 찾지 못해도 괜찮다. 서랍 안에 넣어둘 정도로 몇 개의 좋은 면만 발견한다고 하더라도 상관없다. 아무리 어둠이 거대하게 느껴지더라도 한 줌의 빛으로도 우리는 나 자신을 발견할 수 있다. 나의 수많은 부족한 점들에도 불구하고 나의 괜찮은 점 몇 가지를 떠올릴 수 있다면, 그것으로도 우리는 살아갈 수 있으니까.

"해야 한다"에서
자유로워지는 첫 단계
삶의 규칙들 깨보기

인지적 왜곡에 대해 배울 때 충격적이었던 지점은 '~해야 한다'라는 진술이 인지적 왜곡에 포함된다는 점이었다. 나는 지금 원고를 '써야 한다'라고 생각한다. 책을 펴내기로 계약했으니 당연하지 않은가? 만약 원고를 쓰지 않는다면 책을 낼 수 없을 것이다. 책이 나오지 않는다면……? 속상하고 자괴감이 들긴 하겠지만…… 사실 내 인생이 근본적으로 무너지진 않을 것이다. '해야 한다(should/must)'의 인지적 왜곡이 아닌 형태는 '하고 싶다(want/wish)'라고 한다. 나는 이 원고를 쓰고 싶다. 왜냐하면 책이 나오길 바라기 때문이다. 그래서 완벽주의자들이 조금 더 자신의 삶을 다정한 시선으로 바라보며 살길 희망한다. 결국 나는 이 원고를 '써야 하기' 때문에 쓰는 것이 아니라, '쓰고 싶기' 때문에 쓰는 것이다. '해야 한다'에 의문을 갖고 다시 바라보는 순간, 우리는 어떠한 일을 '하고 싶은' 진정한 욕구를 발견하게 된다.

우리 안에 있는 수많은 '해야 한다'에서 벗어나는 첫 단계는 바로 자신 안에 있는 당위적 진술을 발견하는 것이다. 내가 만든 경직된 규칙을 찾아내야 하는 이유는 완벽주의자들은 이것이 규칙이라고 자각조차 하지 못하기 때문이다! '매일 운동을 해야 한다', '게으르게 시간을 보내서는 안 된다', '일주일에 한 번은 부모님께 전화를 드려야 한다', '친구가 도움을 요청하면 최대한 빠르게 답장을 해줘야 한다' 등등.

이러한 삶의 규칙에 대해 많은 완벽주의자들은 '당연히 그래야 하는 거 아닌가?', '남들도 다들 이렇게 사는 거 아닌가?', '이걸 안 하는 건 생각도 안 해봤는데?'라고 생각한다. 재미있는 건 완벽주의자들이 모여서 자신의 규칙을 나누다 보면, 다른 사람들의 규칙을 듣고 '와, 저건 좀 심하지 않나?' 하고 반응하는 경우가 많다는 점이다. 이쯤에서 내가 오랫동안 가지고 있었던 규칙을 이야기해보겠다. 나는 대학생 시절, 강박적으로 독서를 했다. 한 달 동안 읽어야 할 책의 권수가 정해져 있었고(영어 원서 한 권, 한국어책 한 권, 무조건 전공 관련 서적으로), 책의 서문

첫 단어부터 책의 맨 마지막 단어까지 읽지 않으면 그 책을 읽은 것으로 치지 않았다. 계획을 지키기 위해 시간 내에 이 책을 다 읽으려면 하루에 몇 챕터씩 읽어야 하는지 미리 계산해놓고, 매일 그만큼씩 읽었다. 그래서 챕터가 구분되어 있지 않은 책들은 읽지 않았다. 내가 가지고 있었던 독서에 대한 규칙을 보니 어떤 생각이 드는가? 조금 너무하다는 생각이 들지 않는가? (만약 나의 이런 규칙에 정말 공감이 가고, 본인도 지금 이렇게 책을 읽고 있다면, 환영한다. 이 챕터는 바로 당신을 위해 쓰였다!)

'해야 한다'라는 생각이 문제가 되는 건 이 생각에 사로잡히다 보면 애당초 왜 이 규칙이 만들어졌는지 망각하기 쉽기 때문이다. 나는 어릴 때부터 책을 좋아해서 영어 공부를 위해 원서를 읽는 게 너무 자연스러운 선택지처럼 느껴졌다. 그러나 강박적으로 독서를 하면서 조금씩 책을 읽는 게 숙제처럼 느껴졌다. 아무리 좋은 책을 읽어도 그 내용을 음미하며 내 삶에 적용하기보다 그저 하루에 정해놓은 양을 읽어내기에 급급했다. 그렇게 강박적인 독서에 지치고 나서 몇 년 동안 나는 단 한 권의 책도 자발적으로 읽지 않았다. 그리고 오랫동안 '나는 책을 좋아하지 않는 사람이야'라고 착각하며 살았다. 당위적 진술은 우리의 자발적인 즐거움과 호기심, 욕망과 욕구를 퇴색시키기 쉽다.

해야 한다

무조건

당연히

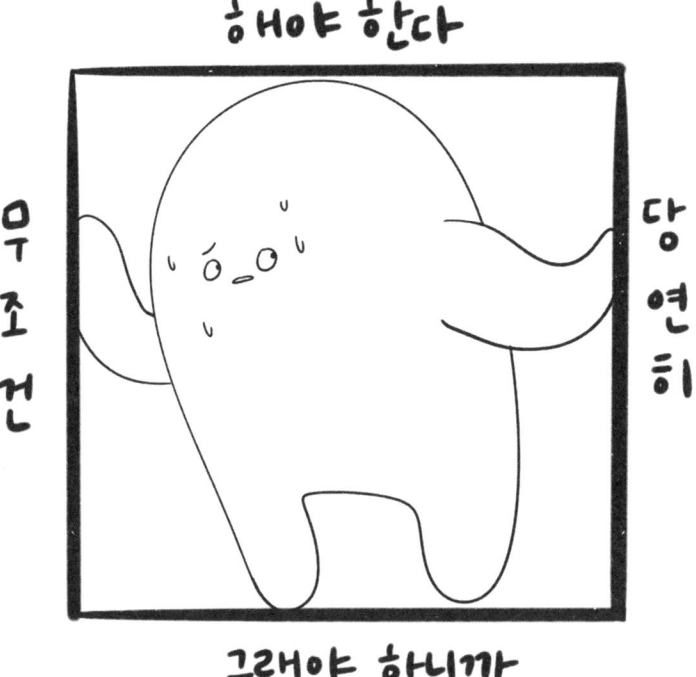

그래야 하니까

삶의 숨통을 조이는
자기만의 규칙을 찾아보자

삶을 숨 막히게 만드는 자신만의 규칙을 찾아보자. 분명 건강하고 싶어 시작한 운동인데 운동을 '해야 한다'라는 생각 때문에 아픈데도 건강을 해치며 운동을 하고 있지는 않은가? 12시에는 '자야 한다'라는 생각 때문에 오히려 밤이 되면 긴장도가 올라가 더 뒤척이지는 않은가? 아니면 단 한순간도 낭비하지 않고 효율적으로 보내야 한다는 생각 때문에 지쳐서 전반적으로 효율이 떨어진 채로 매일을 보내고 있을지도 모르겠다.

내가 그 규칙을 지키고 있는지 여부와는 상관없이 내게 어떤 규칙이 있는지 떠올려보자. 꾸역꾸역 지키고 있다면 부담을 느끼고 있을 것이고, 지키지 않고 있다면 죄책감을 느끼고 있을 것이다. '체중이 100그램도 변동하면 안 된다', '남에게 폐를 끼쳐서는 안 된다', '집은 늘 깨끗해야 한다' 등등 지금 떠오르는, 내가 만든 내 삶의 규칙 하나를 적어보자.

이 규칙에서 자유로워지는 가장 빠른 방법이 있다. 바로 이 규칙을 깨는 실험을 해보는 것이다. 이 실험에는 세 가지 규칙이 있다.

1. 안전한 범위 내에서 할 것

'절대 지각하면 안 된다'라는 규칙을 깨보고 싶다고 한 시간씩 지각할 필요는 없다. 5분 정도 지각해보는 것만으로도 충분하다. 규칙을 지키지 않더라도 너무 큰 리스크가 없는 규칙을 선택하는 것이 좋다.

2. 규칙을 깨면서 규칙의 본질을 돌아볼 것

규칙을 깨는 실험을 하는 데는 두 가지 이유가 있다. 하나는 이 규칙을 깨더라도 세상이 무너지지 않는다는 사실을 확인하기 위함이고, 다른 하나는 이 규칙을 통해 내가 얻고 싶었던 것이 무엇인지 확인하기 위함이다. 5분 정도 지각을 하더라도 세상은 무너지지 않는다. 그런데 5분 지각하면 마음이 불편할 것이다. '절대 지각하면 안 된다'라는 규칙을 통해 내가 정말 얻고 싶은 것은 무엇이었을까? 사람들의 신뢰? 성실하다는 이미지? 여유로운 아침 시간? 그 규칙을 통해 내가 진짜로 원했던 것을 얻으려면 무엇에 집중해야 하는지 생각해보면 도움이 될 것이다.

3. 규칙의 통제권을 내가 가지고 있다는 사실을 기억할 것

규칙이 나쁘다는 건 아니다. 하지만 규칙을 무조건 지켜야 한다고 생각하는 건 위험할 수 있다. '매일 운동을 해야 한다'는 건강을 위한 규칙이다. 그렇다면 몸이 안 좋을 때는 운동을 가지 않고 쉬는 게 합당할 것이다. 언제, 무엇을 위해 규칙을 고수할 것인지, 그리고 언제 규칙을 깨기로 선택할 것인지는 전적으로 나에게 달려 있다. 지금 나에게 필요한 것이 규칙을 지키는 것인지, 규칙을 깨는 것인지 세심하게 관찰하자.

건강하고 루틴을 지키는 삶을 위해 규칙이 필요하다는 데는 동의한다. 건강한 삶을 위해 매일 양치질을 하는 것이 필요한 것처럼 말이다. 그러나 우리는 양치질을 하기 위해 사는 건 아니다. 규칙은 도구일 뿐 목적이 될 수 없다. 규칙을 깨는 실험을 하면서 이를 확인해볼 수 있길 바란다.

나는 아주 오랫동안 책을 멀리한 뒤 내가 이전에 독서에 대해 가지고 있었던 모든 규칙을 깨버리고 다시 책을 마주했다.

아무리 훌륭한 책이라도 내가 읽고 싶거나 필요한 부분만 발췌해서 읽었다. 커리어에 도움이 되는 책이 아니라 내가 읽고 싶은 소설책들을 읽었다. 읽다가 지겨우면 책을 던져버렸고, 마음이 내키면 도로 다시 주워서 읽었다. 어느새 책은 언제든 내가 찾아가 말을 걸 수 있는 친구가 되었다. 지치고 힘든 하루의 끝에 매일 돌아갈 수 있는 이야기가 있다는 것은 일상의 큰 위로다. 예전만큼 많은 책을 읽지 않지만 그 어느 때보다 내가 만나는 이야기들을 사랑하게 되었다. 규칙이 없더라도 내가 사랑하는 것들은 결국 내 삶 안에 머물게 된다.

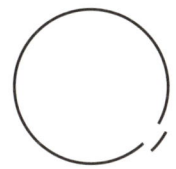

내 삶의 가치를
한 바구니에 담지 말자
삶의 가치 포트폴리오 다각화하기

나는 심리학자이지만 동시에 그림일기를 그리는 11년 차 창작자이기도 하다. 노력에 대한 결과를 즉각적으로 확인하기 어려운 심리학자의 일과 달리 그림일기는 SNS에 업로드하면 몇 시간 안에 바로 반응을 확인할 수 있다. 정성스럽게 마음을 담아 그린 콘텐츠가 기대에 훨씬 못 미치는 반응을 받을 때는 여전히 꽤나 속상하다. 창작을 시작한 지 얼마 되지 않았을 무렵에는 콘텐츠 하나만 반응이 안 좋아도 세상이 무너지는 것 같았다. 더 이상 내 콘텐츠를 봐줄 사람이 없을 것 같고, 창작자로서 내 생명은 여기까지인 것 같고, 심지어 뒤에서 나에 대한 나쁜 소문이 돌아서 사람들이 내 게시물을 봐주지 않는 것 같다는

2장 한 곳이 아니었힘이 일상을 파고들게 만든다

망상까지 들었다. 나는 내세울 것 하나 없는 사회 초년생이었고, 사회에 내 자리라고는 내가 만든 '서늘한여름밤' 계정 하나뿐이라고 느꼈다. 내가 만든 이 작은 뗏목이 흔들릴 때면 내 삶 전체가 흔들리는 듯한 불안감에 사로잡혔다.

"저는 자존감이 낮은 것 같아요." "흔들리지 않는 단단한 마음을 갖고 싶어요." 이렇게 말하는 사람들의 마음을 잘 살펴보면 자존감의 기반이 성취일 때가 많다. 무언가 해내고 성취하는 것은 분명 우리의 자존감에 도움이 된다. 그런데 만약 성취해내지 못할 때는? 그럴 때는 무엇이 우리를 지켜줄 수 있을까? 내 삶을 평가하는 모든 기준이 성취에 달려 있을 때, 우리삶은 기둥이 하나인 파라솔처럼 쉽게 흔들릴 수밖에 없다. 투자자를 위한 조언 중 "계란을 한 바구니에 담지 말라"라는 말이 있다. 이 격언은 우리 삶에도 적용될 수 있다. 자신의 삶을 평가하는 다양한 기준이 있을 때, 하나의 기준이 흔들리더라도 전반적인 자존감은 흔들리지 않을 수 있다.

나의 가치를 무엇으로 평가하고 있는지 포트폴리오를 그려보는 것이 도움이 될 수 있다. 나 자신의 가치를 어떤 근거로 평가하고 있는가? 원을 그리고 각각을 퍼센트로 나눠본다.

만약 내가 나 자신의 가치를 평가하는 기준들 대부분이 '잘했다/못했다'를 나눌 수 있는 일들에 달려 있다면, 그 일을 어

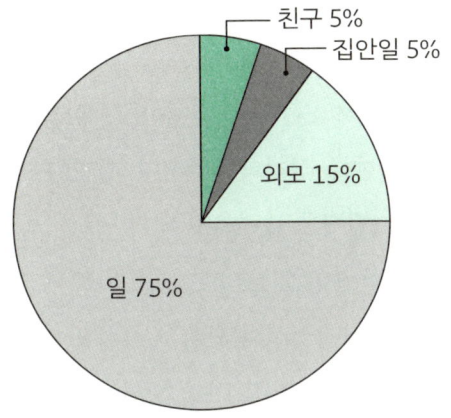

'나는 나 자신의 가치를 어떤 근거로 평가하고 있는가?' 예시

떻게 해내느냐에 따라 나의 가치감이 달라질 것이다. 일을 잘 해낼 때의 나는 멋지지만 일을 그르치면 실패자라고 느낄 수 있다. 탄탄한 몸매를 가졌을 때의 나는 가치가 있지만 군살이 붙은 나는 진짜 인생을 사는 게 아니라고 생각할 수도 있다. 나의 모든 가치가 성취에 달려 있으면 성취를 위해 무리한 노력을 하게 되거나, 노력하지 않는 자신에 대해 자괴감을 느끼게 된다.

내가 고객분들께 제안하는 방법은 성취와 무관한 영역으로 자신의 가치 평가 기준을 넓혀보는 것이다. 예를 들어, 취향이

나 좋아하는 것, 관계, 나의 특성 혹은 강점 등 내가 실패할 수 없는 영역을 가치 평가 기준에 포함시키는 것이다. 나는 그림 일기의 반응이 좋지 않을 때, '괜찮아. 그래도 나는 심리학 박사 잖아'라고 생각한다. 심리학자로서도, 창작자로서도 모두 못하고 있을 때는 그럼에도 불구하고 내가 민경이와 은영이의 좋은 친구이자 영수의 좋은 파트너, 영재의 가족이라는 사실을 떠올린다. 나는 일과 상관없이 쾌활하고 사람을 좋아하는 사람이며 아주 멋진 플레이 리스트를 가진 사람이고, SF 소설 마니아이며, 사랑스러운 고양이의 보호자다. 아무리 일에서 내가 실패하더라도 이러한 사실을 변하지 않는다. 나는 일에서 실패와 좌절을 경험한 것뿐이지, 그것이 곧 내 인생이 실패라는 증거가 될 수는 없다.

인간의 가치는 생득적이다. 인간은 그 약속 위에 사회를 건설했다. 그럼에도 불구하고 사회가 우리의 가치를 고기의 등급을 나누듯 도장을 찍으려고 한다는 인상을 받는다. '너는 생산성이 좋으니 1등급 인간', '너는 게으른 직장인이니 3등급 인간', '너는 백수이니 5등급 인간' 쾅쾅쾅! 나는 그런 시선이 폭력이라고 생각한다. 그리고 이 시선에 동조하는 것이 나 자신에 대한 또는 타인에 대한 폭력으로 이어지기 쉽다고도 생각한다. 우리의 가치가 생산성에 달려 있다면 무언가 생산하거나 성취할 수 없는 사람(가령, 중증 장애인이나 노약자)은 무가치한 존재나 다름없다. 자신의 다양한 가치를 인정해주는 것. 무언가 생산하지 않아도 충분히 가치 있는 존재라는 걸 믿는 것. 이런 태도야말로 우리가 살아 있어도 된다고 허락해주는 일이라고 나는 생각한다. 한 인간의 가치는 어디에서 오는가? 바로 우리의 믿음에서 온다고 말하고 싶다.

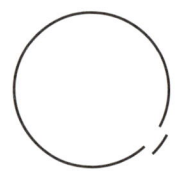

내 안의 판사가
독설을 멈추지 않을 때
자기비난을 멈추게 하는 4가지 방법

완벽주의자 B씨는 오늘도 퇴근해서 책상 앞에 멍하니 앉아 있다. 퇴근 후 시간을 알차게 쓰기 위해 온라인 영어 강의를 등록했는데 강의 진도는 밀린 지 오래다. 몸은 천근만근이고 어차피 강의 영상을 틀어봤자 집중이 안 될 것도 알고 있다. 교재를 펴놓고도 스마트폰만 보고 있는 자신이 한심하게 느껴진다. 한심하게 느껴지는 걸 잊으려고 다시 스마트폰을 본다. '자리에 앉자마자 강의 영상을 틀었으면 벌써 반은 봤을 텐데!'라는 생각과 '어차피 지금 시작해도 끝내기 어려울 거야'라는 좌절감이 함께 든다. 마음속에서는 '오늘 저녁도 망했구나', '난 역시 의지력이 약해', '이래서 뭐가 되겠어?' 하는 비난들이 쏟아진다. 그 비난들을 묵묵히 견디며 책상에 앉아 있는다.

자기비난에 대해 이야기하면 사람들은 흔히 '언어'를 떠올린다. 그러나 실제 자기비난의 형태는 다양하게 나타날 수 있다. 앞서 묘사한 B씨의 사례처럼 자기비난은 자기처벌의 형태를 띠기도 한다. 피곤해서 뭘 할 수 없음에도 불구하고 책상 앞에서 일어나지 못하게 하는 것. 앞서도 말했지만 나는 이런 행위를 하는 시간을 '벌주는 시간'이라고 부른다. 끼니를 거르는 것('넌 밥 먹을 자격도 없어'), 잠을 자지 않는 것('네가 그러고도 마음 편히 잠이 오냐?'), 즐거운 활동을 하지 않는 것('한 것도 없는데 놀기까지 하려고?'), 원하는 일을 포기하는 것('네가 그걸 할 수 있을 것 같아?') 등등도 마찬가지다. 완벽주의자들에게 자기비난은 거의 생활 습관처럼 일상 속에 스며들어 있을 때가 많다.

자기비난을 멈추게 하는 첫 번째 단계는 지금 내가 자기비난을 하고 있다는 걸 알아차리는 것이다. 완벽주의자들에게는 자기비난을 알아차리는 것 자체가 어려울 수 있다. 앞선 글에서 이야기한 것처럼 자기비난 자체가 일상에 생활 소음처럼 깔려 있기 때문이다. 생각은 너무 빨리 지나가기 때문에 포착하기가 어렵다. 그래서 생각 대신 정서나 행동에 집중해보는 게 더 용이할 수 있다. 최근 일주일을 돌이켜보며 긴장되거나 스트레스 받았던 순간, 좌절감이나 위축감이 들었던 순간들을 떠올려보는 것이다. 아니면 어떤 일을 회피하고 있거나 자기 자신에게 벌을 주는 것처럼 행동했던 순간들을 떠올려보는 것도 도움이 될 수 있다. 그때의 상황을 생생하게 떠올려보자. 어디에 있었는가? 나는 무엇을 하고 있었는가? 그때 나는 무슨 생각을 하고 있었는가? 내 마음을 답답하게 만들었던 생각이 있다면 적어봐도 좋다.

이 시점에서 자기비난을 하는 완벽주의자들을 변호해주고 싶다('왜 나는 이런 자기비난을 하는 걸까' 하고 책망하고 있을까 봐). 완벽주의자가 자기비난을 하는 이유는 더 잘해내고 싶어서다. 많은 완벽주의자가 자기비난을 하지 않으면 지금보다 더 게을러질까 봐 두려워한다. 게으른 자신을 채찍질해야 원하는 방향으로 움직일 거라고 믿는 것이다. 게다가 여기에 죄책감도 복잡하게 개입한다. 내면에 '게으른 것=나쁜 것'이라는 공식이 있으면 나쁜 것에서 편안한 감정을 느끼면 안 된다고 생각할 수밖에 없다. '내가 계획한 것을 안 하고 있으면 비난받는 게 당연한 것이다. 나쁜 기분을 느끼는 건 당연한 것이다. 나는 지금 좋은 기분을 느낄 자격이 없으며, 이 상황에서 편안함을 느낀다는 건 내가 나 자신을 포기했다는 것이다. 그러니 나는 비난받고 괴로워하는 것이 마땅하다.' 어쩌면 완벽주의자에게 자기비난은 내가 아직 나 자신을 포기하지 않았다는 반증일 수도 있다.

자기비난에 타당한 이유가 있다 할지라도 자기비난은 여전히 괴롭다. 그렇다면 어떻게 대처할 수 있을까? 가장 쉬운 방법은 나 자신의 열정적인 변호사가 되어 반박하는 것이다.

반박하기

'나는 게을러'

→ '아니야. 지금까지 너는 정말 많은 일을 해냈고, 지금 잠깐 지쳐서 쉬는 것뿐이야.'

→ '누구라도 너처럼 일하면 휴식 시간이 필요할 거야.'

내 안의 변호사를 소환하는 것은 내가 하는 비난의 근거가 없거나 빈약할 때 효과적인 방법이 될 수 있다. 그런데 문제는 내가 하는 비난을 반박할 근거가 없을 때다. 그럴 때는 그냥 비난을 있는 그대로 수용하는 방법을 사용해볼 수도 있다.

수용하기

'나는 게을러'

→ '맞아. 그렇게 느낄 수 있어. 근데 게으른 게 꼭 나쁜 걸까? 인간이라면 누구나 어느 정도는 게을러.'

만약 수용하기에서 한 발짝 더 나아가 문제나 상황을 해결하는 방법을 생각해볼 수도 있다.

해결하기

→ '만약 지금 이렇게 있는 게 싫다면 하고 싶은 거 하나만 같이 생각해볼까?'

타인과 관련된 자기비난도 마찬가지다. 자신이 타인에게 잘못된 행동을 했다고 판단할 근거가 있는가? 만약 없다면 반박한다.

반박하기

'나 말실수 한 것 같아.'

→ '아냐, 그 정도 실수는 다들 하는 실수야. 네가 아는 친구라면 그런 걸로 마음이 상했을까? 아마 아닐 거야. 만약 친구가 너한테 그렇게 말했다면 너도 이해했을 거잖아? 그 친구도 그렇지 않을까?'

만약 자신이 타인에게 잘못된 행동을 했다고 판단할 근거가 있는가? 그렇다면 이건 혼자 해결할 수 없다. 빠른 사과가 가장 좋은 해결책이다.

해결하기

'나 말실수 한 것 같아.'

→ 친구에게 마음에 걸리는 점에 대해 이야기하고 사과하기.

매일 퇴근 후 자신에게 벌을 주고 있다면, 나를 벌줘야 한다고 속삭이는 목소리에 맞서 나 자신을 변호해보자. "피고는 이미 충분히 긴 시간의 노동을 하고 집에 온 상태입니다. 영어 공

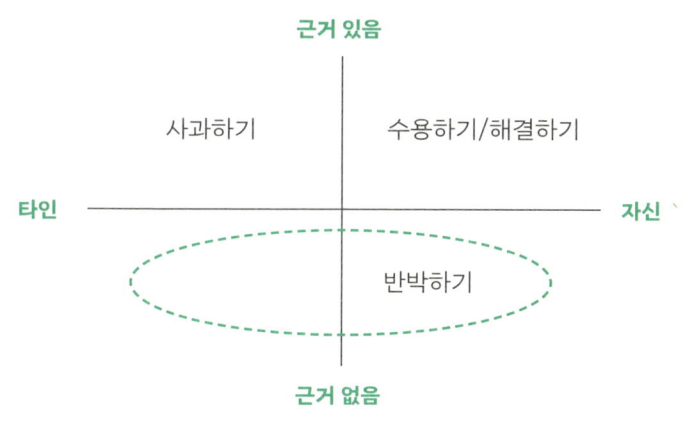

자기비난을 멈추게 하는 방법들

부를 통해 자기개발을 도모해볼 수 있는 것은 사실이나, 자기계발도 자기 자신이 온전해야 가능한 일임을 기억해주시길 바랍니다. 쉬고 싶은 마음에 자기 합리화를 하는 것 아니냐는 반박에 대해 저는 이렇게 답하고 싶습니다. 합리화를 할 정도로 쉬고 싶은 거라면, 정말 휴식이 필요한 게 아니겠냐고요. 그러니 존경하는 재판장님. 당장 피고가 책상을 벗어나 편안한 침대에 몸을 눕힐 수 있도록 허락해주시길 간청드립니다."

내 안에 무정한 검사가 있다면, 따뜻한 변호사도 한 명쯤 있어야 공정하지 않겠는가?

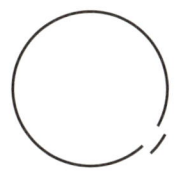

유연한 사고가 어려울 때

부정적 생각을 멈추게 하는 5가지 방법

지금까지의 이야기들을 맞는 말이라고 생각한다고 해도 실제로 실천하는 게 어렵다고 느껴진다면…… 그건 전혀 이상한 게 아니다! 우리는 기계가 아니기 때문에 생각의 오류를 알아차렸다고 해서 바로 코딩을 수정할 수 없다. 생각을 바꾸는 게 어렵게 느껴지는 건 우리가 특별히 부정적이거나 잘못되었거나, 인생을 더 잘 살아갈 희망이 없다는 뜻이 아니다. 그건 그냥 우리가 평범한 인간이라는 또 다른 증거일 뿐이다. 완벽주의자들은 완벽주의 성향을 해결하는 데 있어서도 높은 기준을 적용하는 경우가 많다('100퍼센트 달라지지 않으면 달라지지 않은 것이나 다름없어.').

그래서 변화의 과정에서 좌절하거나 자책하기 쉽다. 코칭에서 고객을 만날 때 강조하고 하는 것은 '아주 작은 변화도 변화'라는 점이다. 지금까지 이 챕터를 읽으며 어떤 생각들이 인지적 왜곡인지 알아차릴 수 있게 되었고, 다른 대안적인 생각도 가능하다는 걸 알았다면 사실 그걸로 충분하다. 이미 그것만으로도 이전과 다른 변화가 시작되고 있는 것이니까.

부정적인 생각들을 바꾸는 게 어렵게 느껴진다면 시도해볼 수 있는 몇 가지 다른 방법들이 있다. 코칭에서 고객에게 도움이 되었거나 나 자신에게 도움이 되었던 방법들을 소개한다. 이 중에서 나와 맞을 것 같은 방법을 한두 번 시도해보는 것만으로도 훌륭한 첫걸음이 될 것이다.

① 부정적인 생각을 관찰하고 글로 써보기

부정적인 생각을 없애지 않아도 된다. 모든 생각은 없애려고 할수록 더욱 끈질기게 생존하는 법이니까. 대신 그냥 관찰해보자. 지금 내가 어떤 생각을 하고 있는지 구체적으로 글로 써보는 것도 도움이 될 수 있다. 예를 들어, 지금 나는 '코칭을 잘해내지 못했다는 자괴감에 괴롭다. 그 순간 그 말을 했던 것을 후

회한다. 함부로 고객의 마음을 지레짐작한 것 같아 부끄럽고 후회된다'라는 생각에 괴로워하고 있었다. 나를 불편하게 했던 막연한 생각들을 눈에 보이는 글자로 적어보는 것만으로도 그 생각에서 자유로워지는 느낌이 들 수 있다.

② 입 밖으로 소리 내어 말해보기

내 안에 맴돌던 생각을 입 밖으로 꺼내놓았을 때, 그 생각의 힘이 약해지는 느낌이 들 수 있다. 이때 팁을 하나 주자면 지금 나를 괴롭히는 생각이 무엇인지 여섯 살 조카한테 설명한다고 생각하고 그 설명을 직접 말로 해보자. "아~ 코칭을 망친 것 같아서 괴로워!!!"라는 나의 목소리를 내 귀로 듣는 순간, 이상하게 마음이 가벼워진다. 나 자신에게는 심각한 고민이지만 그 고민을 소리로 듣고 나면 누구나 할 수 있는 고민처럼 느껴지기도 한다. 지금 나를 괴롭게 하는 생각이 머릿속에서 뿌리를 내려 무성한 가지를 뻗어나가기 전에 말로 뱉어서 확인해보자.

③ 부정적인 생각을 하는 시간을 정해놓기

부정적인 생각이 떠나지 않는다면 아예 부정적인 생각만을 위한 시간을 마련해놓는 것도 방법이다. 매일 저녁 9시에 알람을 맞춰놓거나 정각마다 5분 동안 부정적인 생각만 해보겠다고 계획하는 것이다. 이렇게 미리 계획을 세워두면 갑자기 부정적인 생각이 들 때, '지금이 아니라, 오늘 저녁 9시에 생각할 거야'라고 그 생각을 잠시 미루어두고 지금 중요한 일에 집중할 수 있다. 만약 저녁 9시에 부정적인 생각을 하려던 계획을 잊어버린다면, 그 얼마나 기쁜 일이겠는가?

④ 부정적인 생각을 마주하고 흘려보내기

부정적인 생각을 악화시키는 제일 좋은 방법은 부정적인 생각에 집중하며, 부정적인 생각을 하는 나 자신을 비난하고, 나를 사랑하지 못하고 비난하는 나에 대해 자괴감을 느끼는 것이다(내가 많이 해봐서 안다). 반대로 부정적인 생각을 약화시키는 좋은 방법은 부정적인 생각이 떠오를 때, 이에 대해 판단하지 않고 그냥 그런 생각이 들 수 있다는 걸 인정해주는 것이다. 이

때 나 자신의 생각을 제3자처럼 표현해주면 생각과 거리를 두는 데 도움이 될 수 있다. '서현이는 코칭을 잘해내지 못했다는 생각 때문에 괴로웠다.' 이렇게 생각과 거리를 두면 '생각이 곧 나'가 아니라는 것을 자각하는 데 도움이 된다. 생각은 내가 아니다. 내가 세계 최고의 심리학자라고 생각하는 게 사실이 아닌 것처럼, 최악의 심리학자라고 생각하는 것도 사실이 아니다. 사실이 아닌 것들에 너무 집착하지 말자. 생각은 생각일 뿐이라고 거리를 두고 흘려보내자.

⑤ 다음 챕터로 넘어가기

우리가 부정적인 생각에 집중하게 되는 것은 그 생각을 통해 문제의 원인을 파악하고 해결하고 싶다는 욕구가 있기 때문이다. '코칭을 잘해내지 못한 것 같아 괴롭다'라는 생각에 집중하는 것은 결국 다음 코칭은 잘해내고 싶은 마음이 있기 때문이다. 나 자신을 괴롭히는 많은 생각들은 사실 '이 문제를 해결해줘! 해결하고 싶어!' 하고 외치는 마음의 다른 목소리인지도 모른다. 그렇다면 우리가 해야 할 일은 괴로워하는 게 아니라 해결 방법을 찾는 것이다.

'다음에는 잘해야지'라는 다짐보다 '어떻게 하면 다음에는 다르게 할 수 있을까?'라는 질문을 해보자(다음에 잘하겠다는 다짐은 '다음에 못하면 어떡해?'라는 불안으로 이어질 수 있기 때문에 추천하기가 조심스럽다). 물론 어떤 사안들은 지금 당장 해결이 어려울 수도 있다. 그럼 지금 내가 집중해야 하는 것은 무엇인가? 하던 일을 마무리하는 것인가? 아니면 당장 나를 괴롭히는 생각을 해결할 방법을 찾는 것인가? 같은 생각에 맴돌기보다 그 다음 스텝이 무엇일지 고민해보자.

마지막으로 기억할 점은 우리는 '누구나' 부정적인 생각을 한다는 점이다. 인간의 뇌는 생존을 위해 부정적인 자극에 훨씬 더 예민하게 반응한다. 꽃밭에서도 뱀에 물리면 죽을 수 있으니 당연한 게 아니겠는가? 그리고 '누구나' 어느 정도 왜곡된 인지로 세상을 바라본다. 오죽하면 심리학자들이 사람들이 자주 사용하는 인지적 왜곡을 정리해둘 정도였겠는가. 부정적인 생각과 자기비난이 생활 소음처럼 일상에 깔려 있다고 느껴진다면, 두 가지 노력을 함께 해볼 수 있다.

하나는 생활 소음을 줄일 수 있는 방법을 찾는 것이다. 다른 하나는 생활 소음이 있더라도 내 삶에 집중하는 것이다. 실제로 그렇지 않은가? 무수히 많은 소음 속에서도 내가 좋아하는 일들에 집중해본 경험이 있을 것이다. 부정적인 생각들도 마찬가지다. 그런 생각들에도 '불구하고' 우리는 사랑하는 순간들을 만끽할 수 있으며, 성장을 위해 노력할 수 있고, 해야 하는 과업들을 처리할 수 있다. 더 좋은 건 우리들 대부분은 이미 그렇게 살고 있다는 점이다! 그래서 나는 우리가 여기서 아주 조금만 더 나아갈 수 있어도 충분하다고 생각한다. 완벽한 인간이 아니라, 1년 전보다 조금 더 편안한 우리가 될 수 있기를 바라니까.

3장

고통에 빠진 나는
구원받을 자격이 있다

: 무너진 자존감을 다시 세우는 자기자비의 강력한 힘

자기자비를
꼭 베풀어야 하나요?
자기자비의 필요성

자기자비를 가장 쉽게 이해하는 방법은 '내가 정말 아끼는 대상이 고통에 처해 있을 때 나는 어떤 마음이 드는지'를 살펴보는 것이다. 이 질문을 받으면 나는 우리 집 고양이가 떠오른다. 힘든 세상 편히 살길 바라는 마음으로 이름도 '이지'라고 지었다. 만약 이지에게 힘든 일이 생기거나 이지가 아프면 나는 내가 가진 모든 자원을 동원해서 이지를 보살필 것이다. 이런 따뜻하고 연민 어린 마음을 자신에게로 확장해주는 것이 바로 자기자비다.

그런데 자기자비를 실천하기 위해서는 세 가지가 필요하다. 내가 사랑하는 고양이를 돕기 위해서는, 첫째로 고양이가 고통에 처해 있다는 것을 알아차려야 한다. 이를 위해서는 평소에 고양이의 행동을 주의 깊게 관찰하는 것이 필요하다. 그다음으로 고양이가 고통 속에 있다는 걸 알아차린 후에는 그 고통에 대한 공감이 필요하다. 어떤 유기체도 고통 속에 있길 바라지 않는다. 마지막으로 고통을 덜어주기 위한 직접적인 행동이 필요하다(예를 들어, 청소기 돌리는 걸 멈춘다든가 하는 ^^). 이처럼 나 자신의 고통을 알아차리고, 그 고통과 어려움에 대해 공감하고, 친절한 행동을 해주는 것이 자기자비의 기본 원리다.

완벽주의자에게 자기자비가 필요할 때는 언제일까? 자기 자신에 대해 긍정적인 감정을 느끼기 어려운 순간이라고 생각한다. 우리는 흔히 자존감을 높이고, 자신에 대해 긍정적으로 생각하라는 메시지를 듣고 살아왔다. 그런데 인생의 어떤 순간에는 도저히 자신에 대해 긍정적으로 생각하거나 느끼는 게 어려울 때가 있다.

불교의 핵심 신조 중 하나인 '자비'를 심리학적 개념으로 가져온 오스틴 텍사스대학교 교수 크리스틴 네프도 그런 시기를 겪었다. 그녀는 박사과정 마지막 해에 이혼을 했으며 이후 아들은 자폐증 진단을 받게 되었다. 이런 어려움을 극복하기 위해 자존감을 높이려고 노력했던 그녀의 시도는 오히려 좌절감만 안겨주었다. 이때 그녀가 마음의 평화를 찾을 수 있게 도와

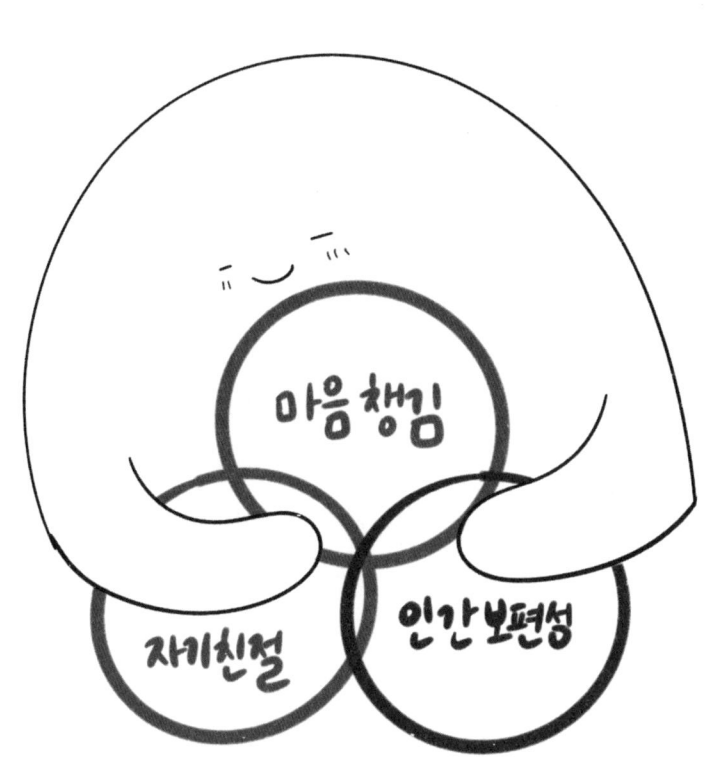

준 것은 불교 명상 수행을 통해 자기 자신에게 친절해지는 법을 연습하는 시간이었다. 이러한 경험을 바탕으로 그녀는 심리학적 맥락에서 자기자비라는 개념을 제안했다.[1] 자기자비는 마음챙김, 인간의 보편성, 자기친절이라는 세 가지 핵심 요소로 구성되며, 자신이 느끼는 고통을 회피하거나 수치스럽게 여기는 것이 아닌, 고통을 있는 그대로 수용하되 친절하게 치유하려는 욕구를 포함한다.

크리스틴 네프가 자기자비라는 개념을 제안한 이후 이 개념은 학계에서나 임상 장면에서 갈수록 그 인기가 높아지고 있다. 그도 그럴 것이 자기자비를 증진시키는 것이 자존감을 높이는 것보다 쉬울 뿐만 아니라[2] 심리적 웰빙 증진에도 효과가 좋은 것으로 나타났기 때문이다.[3] 아마 완벽주의를 다룬 다른 책들을 읽은 분들이라면 눈치채셨겠지만, 대부분의 완벽주의에 대한 책들에는 자기자비에 대한 내용이 포함되어 있다. 왜냐하면 자기자비는 완벽주의의 '해독제'라는 별명이 붙을 정도로 완벽주의 성향이 있는 이들에게 도움이 되는 것으로 나타났기 때문이다.

자기자비는 자신의 가치를 성취나 성과에 두지 않으며, 자신의 결점과 부족함을 관대하게 수용하는 태도를 포함한다. 이러한 태도는 완벽주의와 연관된 자기비난과 부정적인 정서를 회피하려는 경향을 완화하는 데 도움이 된다.[4] 실제로 완벽주의 성향이 있더라도 자기자비가 높은 경우에는 삶의 질이 높아지는 것으로 나타났으며[5], 우울 및 불안이 감소하고[6], 자신과 타인에게 더 허용적인 태도를 보여 관계 개선에도 도움이 되는 것으로 보고되었다.[7]

자기자비를 실천하는 세 가지 단계
: 마음챙김, 인간 보편성, 자기친절

자기자비를 실천하는 첫 번째 단계는 불편한 감정을 회피하거나 억누르지 않고 고통에 대해 마음챙김의 자세로 있는 그대로 받아들이는 것이다. 어렵다고 느껴질 수 있지만, 사실 우리는 신체적인 고통에 대해서는 이러한 태도를 취할 때가 많다. 실수로 칼에 손이 베었던 경우를 생각해보자. 그 순간 '왜 내 손은 칼에 베일 정도로 약해빠진 거야?!'라고 화를 냈던 적은 없을 것이다. 칼에 베여 상처가 났다는 걸 인식하면 휴지로 피가 나는 부위를 압박하고, 소독하고, 연고를 바른다. 상처 회복을 위해 필요한 조치들을 아무런 저항 없이 하게 되는 것이다. 이 상처가 영원하리라고 여기지도 않으며, 상처가 나서 번거롭다고 생각하긴 하지만 모든 주의를 그 상처에만 쏟지는 않았을 것이다.

그런데 마음의 고통에 대해서는 똑같은 태도로 대하지 못할 때가 많다. 슬픔을 느낄 때 '왜 겨우 이런 걸로 유난이야?'라고 스스로를 비난하거나, 외로움을 느낄 때 '영영 여기서 벗어날 수 없을 것 같아'라고 좌절하거나, 우울할 때 '내가 이상한 사람인 건가?' 하고 의심하기도 한다. 힘든 감정을 느끼지 않으려고 휴대폰만 붙잡고 있거나, 술이나 게임에 빠지기도 한다. 고통받는 나에게 친절하기 위해서는 일단 나 자신이 고통받고 있다는 사실을 인정해야 한다. 칼에 베인 상처를 바라볼 때처럼 '아프다' 하고 말이다.

인간 보편성은 나의 경험이 인류의 보편적인 경험임을 아는 것이다. 칼에 손이 베었을 때 왜 놀라지 않는가? 인간이라면 누구나 칼에 손이 베일 수 있다는 걸 알기 때문이다. 내 손이 특별히 약하거나 어딘가 모자라서가 아니라 인간의 손은 원래 칼에 베일 수 있고, 이는 누구에게나 일어날 수 있는 평범한 경험이라는 걸 알기 때문이다. 마음의 고통도 마찬가지다.

내 경우를 예로 들어 이야기하자면, 나는 양극성 장애 2형이 의심되어 오랫동안 정신과 약물을 복용 중이다. 이건 모두가 겪을 만한 일은 아니다. 그러나 진단명이 생겨날 정도로 많은 사람이 겪어온 증상이며, 인류 전체의 역사로 봤을 때 이런 증상을 겪는 사람이 내가 처음도 아니고 마지막도 아닐 것이다. 만약 내가 이런 증상을 나 혼자 겪는 일이라고 생각했다면 나는 무척 외롭고 스스로가 외계인처럼 부적절한 존재로 느껴졌을 것이다. 그러나 인간이라면 누구나 크고 작은 취약함을 가지고 있다는 걸 아는 순간 큰 위안이 된다. 나는 어떤 면에서는 이상하고 나약할 수 있지만, 그조차도 평범한 인간의 범주 안에 들어간다는 사실 말이다.

마지막으로 자기친절은 고통스러운 순간에 적극적으로 자신을 안심시키고 위로하는 것이다. 만약 내가 아끼는 사람이 고통에 처해 있는데 안타까워하기만 하고 아무것도 하지 않는다면, 그건 그 사람을 아끼는 게 아닐 것이다. 자기자비는 자신의 고통에 대해 팔짱을 끼고 관망하는 것이 아니다. 나 자신의 고통을 강 건너 불구경하듯 보는 게 아니라, 그 불이 났음을 인정하고 불을 끄기 위해 노력하는 것이다.

자기자비는 의식적인 노력으로 학습할 수 있는 기술

우리는 고통 속에서도 자신을 비난할 때가 많다. 시험을 망쳐 속상한데도 '그러니까 조금 더 노력했어야지!'라고 질책하거나, 실연의 아픔 속에서 허우적거리면서도 '나 같은 걸 누가 사랑하겠어' 하고 자책할 때가 있다. 자기친절은 자신의 부족함과 결점, 원치 않는 감정들에도 무조건적인 수용을 제공하는 것이다. 여기서 '무조건적'이라는 건 '조건적'인 수용과 반대됨을 뜻한다. '내가 다음에 성적을 잘 받으면 나 자신을 인정해줄게' 혹은 '더 살을 빼서 예쁘고 매력적인 사람이 되면 나를 사랑할게' 하고 조건을 거는 것이 아니라, 지금 좌절하고 슬퍼하고 속상한 내 모습도 그대로 인정해주는 것이다.

'뭐? 그런 게 가능하다고? 그렇게 사는 사람이 어디 있어?'라고 생각할 수 있다. 그러나 우리는 이미 자비를 베푸는 능력을 가지고 있다. 내가 아끼고 사랑하는 사람(혹은 반려동물)을 생각해보자. 그 대상을 사랑하는 이유는 무엇인가? 그 대상이 완벽해서? 어떤 결점도 없어서? 아닐 것이다. 내 친구가 연봉이 얼마이든, 내 고양이가 얼마나 멍청하든, 내 연인이 어떤 취약함을 가지고 있든 상관없이 우리는 그들을 있는 그대로 수용하고 사랑한다. 그리고 이들이 힘든 일을 겪고 있을 때, 진심으로 안타까워하며 도움과 위로를 주려고 한다. 만약 이런 경험이 있다면 자비를 실천할 수 있는 능력을 갖춘 것이다. 그 마음을 자신에게로 확장하는 연습만 하면 된다.

실제로 자기자비 연구자들은 자기자비가 타고나서 바꾸기 어려운 성격 특성이 아니라 의식적인 노력을 통해 학습할 수 있는 기술이라고 간주한다. 또한, 완벽주의 성향이 있는 사람들도 3~8회의 비교적 단기적인 개입만으로도 자기자비가 증가할 수 있는 것으로 나타났다.[8][9] 자기자비는 계발이 가능하다. 단, 그렇게 하고 싶다면.

물론 새로운 기술을 배운다는 건 늘 의심과 두려움을 동반한다(나도 요새 요가를 새로 배우고 있어서 잘 안다). '이게 되겠어?', '이런다고 나아지는 게 있을까?', '오히려 더 안 좋아지는 거 아니야?' 같은 거부감이 먼저 들 수도 있다. 특히 완벽주의자들은 완벽주의로 인해 괴로워하면서도, 이런 채찍질로 자신이 이만큼 해낼 수 있었다고 믿는 경향이 있기 때문에 비난이 아닌 친절한 태도로 자신을 대해주면 지금의 성취를 해내지 못할 것이라고 생각하기도 한다.

나는 이러한 양가감정이야말로 마음 한구석에서는 변화를 원하고 있다는 반증이라고 생각한다. 그리고 좋은 소식을 전하자면, 이 글을 읽는 당신은 자기자비 없이도 이미 지금까지 충분히 잘 살아왔다! 자기자비라는 개념이 와닿지 않는다면 굳이 실천하지 않아도 괜찮다. 각자에게 필요한 방법은 다를 수밖에 없기 때문이다. 다만 나는 자기자비가 연고 같은 역할을 한다고 생각한다. 연고를 바르지 않아도 상처를 회복할 수 있다. 연고를 바르면 조금 더 빨리 낫고, 덜 아플 뿐이다. 연고가 필요 없다면 굳이 바르지 않아도 된다. 하지만 연고를 서랍 속에 비치해둔다고 해서 손해 볼 일도 없다.

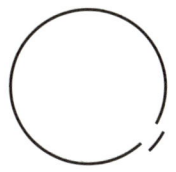

자기자비를
받아들이기 불편해요
자기자비에 대한 두려움 5가지

내가 심리 코칭을 하면서 느낀 바가 있다. 아무리 좋은 개념이나 방법이라고 하더라도 나에게 맞지 않거나 거부감이 있으면 아무 소용이 없다는 것이다(마치 사놓고 우리 집 냉장고에서 썩어가는 양배추처럼). 정신건강에 좋다는 방법들에 거부감을 갖는 건 당신 혼자만의 일이 아니다.

예를 들어, 나는 명상을 좋아하지 않는다. 어릴 때부터 엄마가 명상이 좋다고 억지로 시켰던 기억 탓에 오랫동안 명상에 대한 거부감을 가지고 있었다. 심지어 명상을 좋아한다는 사람들에 대해 은근한 편견을 가지기도 했다. 사실 명상이 아니라 다른 심리학책들에서 소개되는 방법을 읽을 때도 삐딱한 시선으로 볼 때가 많다. '이거 그냥 너라서 된 거 아니야?', '이 심리학자는 덜 힘들었나 보네', '이걸 해서 건강해진 게 아니라, 건강해서 할 수 있었던 거 아니야?'처럼 의심하는 마음이 먼저 든다. 너무 해맑은 표정으로 건강해지는 방법을 이야기하는 책들을 보자면 어쩐지 정이 가지 않는다. 우리의 인생은 교과서가 아니며, 아주 작은 변화도 무수한 저항과 시행착오를 거칠 수밖에 없는데 말이다.

자기자비를 어떻게 실천할 수 있을지 다루기 전에 자기자비에 대해 가질 수 있는 거부감과 두려움, 의심에 대해 먼저 이야기하고 싶다. 자비에 대한 두려움(fear of compassion)은 이미 학술적으로도 다루어질 정도로 흔한 현상이다. 내가 진행하는 완벽주의자를 위한 자기자비 심리 코칭 워크숍에서도 가장 처음 다루는 내용이 바로 자비에 대한 의심과 두려움이다. 심지어 자기자비를 배우고 싶다고 돈과 시간을 내서 온 사람들도 자비에 대한 의구심을 가진다. 완벽주의자들이 흔히 가지고 있는 자기자비에 대한 의심 다섯 가지를 소개한다.

① 나 자신에게 친절해지면 게을러져서 결국 원하는 목표를 달성하지 못할 거야

완벽주의자들에게 자기자비에 대한 두려움을 물어보면 절대 빠지지 않고 나오는 키워드가 바로 '게으름'과 '목표 달성'이다. 나 자신에게 관대해지면 목표를 달성하지 않아도 비난하지 않게 되고, 영원히 목표를 미루는 나태한 사람이 되지 않을까 걱정하는 것이다. 흥미로운 건 많은 완벽주의자가 일의 시작을 미루거나, 일을 하면서도 딴짓을 하는 것들을 두고 이미 자신을 게으르다고 비난한다는 점이다. 그런데 자기비난으로 게으름이 달라지지 않는다면, 다른 방식을 시도해보는 게 합리적이지 않을까?

이러한 의심을 제기하는 워크숍 참여자들에게 내가 던지는 질문이 있다. "어떤 상사와 일했을 때 효율이 가장 좋았나요? 내가 실수하거나 목표를 달성하면 가혹한 비난을 쏟아내는 상사였나요? 아니면 내가 잘못한 부분에 대해 피드백을 주되, 개선할 방향을 함께 고민해주는 상사였나요?" 대부분의 경우 후자를 꼽을 것이다. 자기자비를 실천한다는 것은 나 자신에게 좋은 상사가 되어주는 것이다. 자기자비는 자신의 실수와 실패에 대해 무조건적으로 덮어주고 괜찮다고 '우쭈쭈' 해주는 게 아니다. 실수와 실패로 인한 고통을 수용하고 인정하는 동시에 내가 성장하고 싶은 방향에 대해 귀 기울여주는 것이다.

캘리포니아대학교 소속 연구자 브레니스와 첸은 자기자비가 실제 공부 시간에 미치는 영향을 측정했다.[10] 실험에 참여한 대학생들은 아주 어려운 어학 시험을 본 뒤 세 집단 중 하나에 무작위로 할당되었다. 첫 번째 집단 학생들에게는 시험이 끝난 뒤 이 시험이 어려웠다면 그렇게 느낀 사람이 당신 혼자가 아니며, 그러므로 스스로에게 너무 엄격할 필요가 없다는 메시지가 전달되었다.

한편, 두 번째 집단 학생들에게는 당신은 똑똑하니 실망하지 말라는 메시지가 전달되었다. 마지막 집단 학생들에게는 특별히 메시지가 전달되지 않았다. 이후 두 번째 시험을 다시 보았을 때, 놀랍게도 자기자비를 높여주는 메시지를 받은 학생들이 가장 오래 공부했으며, 실제로 시험 성적도 세 집단 중 가장 높았다.

완벽주의자들은 작은 실패에도 자신이 무가치하다고 느끼는 경우가 많다. 공부를 하다가 10분 딴짓을 하면 망했다고 생각하고, 그 괴로움과 수치심을 잊기 위해 다시 3시간 동안 핸드폰을 보게 되는 것이다. 자신의 크고 작은 실패를 수용해줄 수 있다면 자괴감으로 에너지가 낭비되는 것을 막을 수 있고, 결과적으로 다시 목표를 추구하는 행동으로 돌아올 확률이 높아지게 된다.

② 자기자비는 자기합리화가 아닐까?

나의 모든 행동을 수용하다 보면 자기파괴적인 행동을 하게 되지 않을까 두려워하는 경우도 있다. 그러나 자기자비는 '내가 아끼는 사람이 고통에 처했을 때 그에 대해 연민하듯 나 자신에게도 따뜻한 연민을 제공하는 것'이다. 내가 아끼는 친구가 실연을 당해 매일 술에 빠져 산다고 생각해보자. 내가 아끼는 친구가 직장이나 학교도 가지 않고, 밥도 안 먹고, 방에 틀어박혀서 술만 마시고 있는데, "그래, 많이 힘들지? 술 마셔. 내가 한 잔 더 말아줄게" 하는 친구라면 진짜 그 친구를 아끼는 태도를 가졌다고 할 수 있을까? 자기자비는 자신의 고통을 무조건적으로 수용해주는 태도를 포함하지만, 모든 행동을 수용해준다는 의미는 아니다. 아끼는 친구가 식음을 전폐하고 술만 마시고 있다면 그 고통스러운 마음에는 충분히 공감해주되, 다시 건강한 삶을 살 수 있게 도와주는 게 좋은 친구의 태도일 것이다.

　나 자신에게도 마찬가지다. 부담스러운 일을 시작하기가 막막해 휴대폰만 붙잡고 있을 때, '지금 일을 시작하기가 정말 막막하고 일에 압도되는 것처럼 느껴지는구나'라고 공감해주는 것과 '이왕 이렇게 된 거 오늘 하루는 그냥 놀자'라고 하는 것 사이에는 차이가 있다(물론 노는 게 나쁘다는 뜻은 아니다). 자기자비는 자신의 모든 행동을 합리화해줘서 자기파괴적인 행동까지 허락하는 것이 아니다. 지금 고통받는 나에게 진짜 필요한 것이 무엇인지 물어봐주고, 그걸 제공해주려고 하는 것이 자기자비의 본질이다. 일에서 회피하고 싶을 때 나를 고통 속에서 건져주는 건 휴대폰을 하는 것이 아니라, 덜 부담스러운 목표로 조정하는 것일 수 있다(예: 딱 30분만 해보기).

자기자비는 결국 나 자신의 좋은 보호자가 되는 것을 포함한다. 좋은 보호자는 아이가 사탕을 달라고 할 때 따귀를 때리며 비난하는 보호자도 아니고, 그렇다고 아이가 사탕을 달라고 할 때마다 끝없이 사탕을 주는 보호자도 아니다. 물론 언제 사탕을 주고 언제 절제해야 할지 고민되는 지점이 있을 것이다. 일을 하다가 잠깐 쉬는 게 좋을지, 아니면 5분이라도 더 붙잡고 있는 게 나를 위한 행동일지 고민되는 순간이 생기는 건 당연하다. 그러나 나는 이런 고민을 하는 것이야말로 진정으로 나를 위해주는 시간을 갖는 것이라 생각한다.

③ 자신에게 친절해지면
   이기적인 사람이 되는 게 아닐까?

"저는 자신에게 친절한 사람이 너무 이기적인 것 같아 싫어요. 그래서 저도 그런 사람처럼 될까 봐 두려워요." 완벽주의자라면 누구나 '지나치게' 자신에게 관대한 사람이 눈꼴시게 보일 때가 있었을 것이다. 그러나 연구에 따르면 자기자비를 높이는 것이 오히려 도덕적이거나 이타적인 선택을 촉진하는 것으로 나타났다.

베이징대학교 소속 연구자인 왕과 그의 동료들은 대학생들을 대상으로 흥미로운 연구를 진행했다.[11] 실험에 참여한 참가자들은 두 종류의 과제 중 하나를 자신과 타인에게 배정하는 선택을 해야 했다. 한 과제는 아주 쉬운 과제로 참여했을 때 추가 보상 추첨 기회까지 포함된 과제였다. 반면에 다른 과제는 어려운 수학 문제로 맞힌다고 해도 어떤 보상도 따르지 않았다. 과제를 배정하고 난 뒤 참여자들은 짧은 글을 써달라는 요청을 받았다. 한 집단은 자신의 약점에 대해 자기자비의 태도로 바라보는 글을 썼고, 또 다른 집단은 단순히 자신이 좋아하는 취미에 대해 짧은 글을 썼다.

이후 자신의 과제 배정 판단에 대해 물었을 때, 이기적인 판단(자신에게 더 쉬운 과제를 배정)을 한 사람들 중 자기자비 글쓰기를 했던 사람들은 자신의 선택에 대해 정당하지 않고, 비도덕적이었다고 인정하는 경우가 더 많았다. 즉, 자기자비 수준이 높을수록 자신의 이기적인 행동에 대해 합리화하거나 방어하는 것이 아니라 정직하게 마주하고 인정하는 결과를 나타낸 것이다.

어떻게 이런 결과가 가능할까? 앞서도 언급했지만, 자기자비는 인간 보편성을 포함한다. 누구나 완벽하지 않으며, 결함이 있고 실수할 수 있다는 사실을 수용하는 것이다. 누구나 약점이 있고, 실수할 수 있다는 사실을 알면 나의 실수에 대해 방어적인 태도를 보이거나 회피하게 될 확률이 줄어든다. 잘못된 행동에 대해 합리화를 하는 것이 아니라, 건설적인 책임감으로 윤리적인 행동을 하게 될 수 있다.

또한, 자기자비가 높은 사람들은 타인의 실수와 결점에 대해서도 훨씬 수용적인 태도를 보인다. 타인 역시 평범한 인간들 중 하나임을 알기 때문이다. 그러니 다시 생각해보자. 자신에게'만' 친절한 이기적인 사람은 과연 자기 자신에게 진실로 친절한 사람이었을까?

④ 변화로 인해
타인과 갈등이 생기지 않을까?

자신에게 자비로워지면 타인과 갈등이 생기지 않을까 하는 두려움에 대한 대답은 '예'와 '아니요' 두 가지다. 완벽주의자들은 가까운 사람들에게도 높은 기준을 적용하는 경우가 많다. 연인이나 배우자, 자식에게도 비현실적인 기대를 해서 분노를 느끼게 되는 것이다.

'엄마라면 늘 나를 이해해줘야지.' '배우자라면 언제나 나의 기분을 헤아릴 줄 알아야 해.' '내 자식은 나처럼 불안해서는 안 돼.' 이런 높은 기준이 좌절될 때마다 상대가 나를 무시한다고 느끼거나, 충분히 사랑하지 않는다고 느낄 수 있다. 또한, 이러한 해묵은 감정이 갈등의 씨앗이 될 수도 있다.

그런데 자기자비 실천을 통해 나 자신에게 관대해지는 연습은 타인에게로 확장될 수 있다. 나는 내 연구를 통해 이 사실을 직접 확인할 수 있었다. 내 박사학위 연구는 완벽주의자들의 자기자비를 증진시키는 것을 목표로 삼았다. 시간적 한계상 타인에 대한 자비를 다루는 내용을 프로그램에 포함하지 않았음에도 불구하고 많은 참여자가 다른 사람들과의 관계가 개선되었다는 평가를 남겼다. 참여자들은 자신의 실수와 결점에 너그러워지자, 이해할 수 없었던 상대의 행동에 대해서도 훨씬 수용적인 태도를 가질 수 있었다고 보고했다. 실제로 연애 중인 커플들을 대상으로 한 조사에서 파트너의 자기자비 수준이 높을수록 관계 만족도가 더 높은 것으로 나타났으며[12], 친구와 룸메이트의 관계에서도 더 따뜻하고 신뢰가 있는 관계를 경험하는 것으로 보고되었다.[13]

하지만 모든 변화는 기존 관계의 갈등을 야기할 소지가 있는 게 사실이다. 알코올중독자가 술을 끊으려고 할 때도 이에 반대하는 사람들이 있다. 바로 함께 술을 마시던 사람들이다. 자기자비도 마찬가지다. 만약 내가 착취당하는 관계에 놓여 있는데, 여기에서 벗어나고자 한다면 상대와 갈등이 생기는 것은 당연하다. 상사의 부당한 지시에 저항하거나, 경계를 침범하는 부모에게 선을 그을 때, 나를 감정 쓰레기통으로 사용하던 친구와 거리를 둘 때, 나 자신에게 친절하고 다정해질 때, 그것을 못마땅하게 여기는 사람들과의 관계를 계속 이어가는 게 과연 나에게 필요한 일인지를 잘 생각해봐야 할 것이다.

⑤ 자기자비를 실천하기란 어렵지 않을까?

앞에서 설명했던 것처럼 자기자비는 학습이 가능한 기술이다. 다만 변화는 일직선으로 오지 않는다는 걸 이야기하고 싶다. 심리적 변화는 나선형 형태로 온다. 나아가는 것 같다가도 다시 후퇴하고, 그러다가 조금 성장하는 것 같고, 다시 예전으로 돌아간 것 같다는 느낌을 반복하며 점진적으로 변화하게 된다.

자기자비도 마찬가지다. 어떤 날은 나 자신에게 정말 따뜻하고 다정한 보호자가 되기도 하지만, 또 어떤 날에는 다시 무자비하게 자신을 비난하는 나를 발견하기도 한다. 중요한 것은 내가 자기자비를 잘 실천하지 못할 때도 그런 나 자신을 비난하지 않고 이해해주는 것이다.

자기자비를 실천하는 초반부에는 '왜 나는 스스로를 사랑하지도 못하고 자비로워지지도 못하지? 난 역시 안 될 거야'라며 좌절하는 경우가 많다. 자기비난을 하는 자신에 대해 '또 자기비난을 하고 있네? 이러니까 자존감이 낮지' 하고 2차 자기비난을 하게 되는 경우도 있을 것이다. 이 모든 것이 자연스러운 과정이라고 이야기해주고 싶다.

자기자비는 100점을 받아야 하는 시험이 아니라, 매일 연습하는 걸음마 같은 것이다. 자기자비를 처음 접한 분들이라면, 자리에서 일어나자마자 뛰기 시작하는 아기는 없다는 걸 기억하자. 부디 아장아장 걸음을 떼는 자기 자신을 귀엽고 대견하게 바라봐주길 바란다.

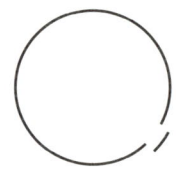

힘든 감정을 있는
그대로 보기 버겁다면

보다 편안한 마음챙김을 위한 가이드

"힘든 감정을 있는 그대로 관찰하고 수용하라고요?!" "저는 못하겠어요. 그 감정에 압도될까 봐 두려워요". 자기자비의 첫걸음, 마음챙김을 설명할 때 흔히 듣는 이야기다. 이럴 때 나는 처음 수영을 배우는 아이들에게 물에 뜨는 법을 가르치는 선생님이 된 듯한 마음이 든다. 물에 뜨는 가장 쉬운 방법은 딱 하나다. 물에 빠지지 않으려고 허우적거리지 않고, 온몸에 힘을 빼고 둥둥 뜨는 것. 경험해본 적이 없어서 믿기 어려운 것을 말로 설명해야 한다는 것은 무척 어려운 일이다. 그러니 마음챙김이 어렵다고 느끼거나, 믿기 어렵다고 생각해도 그건 당신의 잘못이 아니다. 물에 빠지는 것과 부정적인 감정에 빠지는 것 모두 누구나 두려워하기 마련이니까.

자기자비에서 마음챙김을 강조하는 이유는 앞서 설명했듯, 고통에 대해 연민 어린 태도를 보이려면 일단 고통이 있다는 것을 알아차려야 하기 때문이다. 물론 "부정적인 감정이 드는데 어떻게 알아차리지 못할 수 있어요?"라는 의구심이 들 수 있다. 그렇다면 축하한다. 당신은 감정에 대한 인식이 좋은 사람이다. 어떤 사람들은 부정적인 감정이 들더라도 참고 억압하는데 익숙해져서 시간이 지나면 부정적인 감정을 제대로 느끼지 못하는 경우도 있다. 대표적인 게 화병이다. 화병이 난 사람들은 감정을 몸으로 느낀다. 가슴이 답답하고, 열감이 느껴지고, 울화가 치밀고, 밤에 잠이 오지 않는다. 뭐라고 설명할 수 없는 꽉 막힌 기분에 시달리는 것이다.

화병이 극단적인 예라면 조금 더 일상적인 예시도 있다. 어느 날 문득 휴대폰만 붙잡고 있는 자신을 발견한 적이 있지 않은가? 갑자기 폭식이나 폭음을 한다거나 이유를 알 수 없는 무기력에 시달릴 때도 있지 않은가? 그런 일을 겪고 난 후에 시간이 지나 돌아보니 당시 자신이 정서적으로 힘든 상태였다는 걸 깨닫게 된 순간이 있었을 것이다. 이처럼 부정적인 정서를 잘 인식하지 못하거나, 굉장히 막연하게만 인식하는 경우가 있다. 만약 기분이 나쁠 때, "그냥 짜증 나"라는 말로만 자신의 정서를 설명할 수밖에 없다면 자신의 정서를 명료하게 인식하는 게 힘들다는 신호일 수 있다. 신체적 고통으로 비유해서 말하자면, 몸이 안 좋은 걸 인식조차 하지 못한 채 계속 안 좋은 컨디션을 참고 있다거나 분명 아프긴 아픈데 어디가 아픈지 설명하지 못하는 경우라고 할 수 있다.

감정에는 정답이 없다, 그저 느끼고 자각해야 할 뿐

내가 다양한 완벽주의자들을 만나며, 그리고 나 자신을 관찰하며 느낀 점은, 완벽주의자들은 감정에도 '정답'이 있는 것처럼 생각하는 경향이 있다는 것이다. 슬프면 우는 것이 아니라 '슬픈 게 당연하고, 우는 게 자연스러운 상황일 때 운다.' 그래서 감정에 대한 학습된 맥락이 없으면 어떤 감정을 느껴야 할지 몰라 당황한다. 고등학교 때 사회 선생님의 갑작스러운 비보를 전달받은 직후 내 마음이 그랬다. 그때 내 마음속에는 '지금 어떤 감정을 느껴야 하는 거지?'라는 질문이 가장 먼저 떠올랐다. 내 마음을 있는 그대로 관찰하고 느끼기보다 그 상황에 적합한 감정이 무엇인지를 먼저 물었던 것이다. 주변 친구들은 그 소식을 듣자마자 충격을 받은 듯 흐느꼈다. 나는 그런 친구들의 모습이 너무 생경했다. 그리고 나도 따라서 눈물을 흘렸다. 그게 그 상황에 걸맞은 감정과 행동처럼 느껴졌기 때문이다.

나는 아주 오랫동안 나의 감정을, 특히 부정적인 감정을 외면하며 살았다. 왜냐하면 좋은 모습을 보여야만 타인에게 인정받고 사랑받을 수 있는데, 부정적인 감정을 느끼는 것 자체만으로 이미 완벽하지 않다는 반증이라고 여겼기 때문이다. 실제로 완벽주의와 정서 조절의 관계를 다룬 여러 연구에서 완벽주의 성향이 높을수록 자신의 내적 상태를 관찰하지 않고, 대처하지 않으려는 반응을 보이는 것으로 나타났다.[14]

이러한 태도는 장기적으로 더 큰 고통과 불안으로 이어지게 된다. 정서를 지각하지 않으면, 조절할 수 없기 때문이다. 보스턴대학교 소속 연구자 발로우와 그의 동료들은 실제로 감정에 대한 수용이 높아질수록 향후 부정적인 감정을 경험하는 것 자체에 대한 두려움이 줄어든다고 설명했다.[15] 이는 마음챙김 태도가 정서와 생각을 나 자신(자아)과 동일시하지 않고, 이를 관찰 가능한 일시적인 사건으로 수용하는 노력을 포함하기 때문이다. 마음챙김은 정서에 대한 인식과 수용을 가능하게 하며, 감정에 즉각적으로 반응하기보다는 관찰할 수 있는 여유를 만들어낸다.

몸에 상처가 났을 때 그 상처가 싫다고 외면하고 방치하면 어떻게 될까? 운이 좋다면 상처는 시간이 지남에 따라 아물겠지만, 운이 나쁘다면 곪거나 덧나거나 흉터가 남을 것이다. 상처를 제대로 바라보지 않으면 우리는 그 상처가 어쩌다 생겼는지도 모를 것이다. 또 언제 또다시 상처가 생길지 몰라 두려워하며 온 정신을 상처를 피하는 데만 쏟을지도 모른다. 그리고 어떤 상처도 생기지 않기 위해 아무것도 하지 않을 것이다. 좋아하는 친구를 만나는 것도 포기하고, 시원한 바람을 쐬러 외출도 하지 않을 테고, 콘서트에서 신나게 뛰는 것도 단념할 것이다. 이런 삶이 진정 우리가 원하는 삶이라고 할 수 있을까?

마음의 고통도 마찬가지다. 부정적인 감정을 회피하고 외면하면 우리 스스로 그 감정을 조절할 수 있다는 걸 체험할 수 없게 된다. 결과적으로 부정적인 감정 자체를 두려워하게 되고, 부정적인 감정을 피하기 위해 좋아하는 것들을 포기하게 된다. 실패로 인한 좌절감이 두려워 아무것도 도전하지 않게 된다. 이별의 슬픔을 견디지 못할 것 같아 아예 사랑하지 않기로 결심하는 것처럼.

일상에서 마음챙김을 실천하는 간단한 방법들

마음챙김을 실천하는 방법을 정말 간단하게 설명하자면, 1) 정서를 알아차리고, 2) 정서에 대해 판단하지 말고 인정해주면 된다. 이를테면, 원고를 쓰기 막막하다는 느낌이 들 때 '나는 아직 전문성이 부족해. 좋은 글을 쓸 수 없을 거야. 마음챙김에 대해 제대로 설명하지 못할 거야'라고 자기비난과 파국화를 하는 것이 아니라, '나는 지금 막막하다는 감정을 느끼고 있어'라고 내가 지금 느끼는 정서를 있는 그대로 관찰해주는 것이다. 이때 그 정서에 따른 신체적인 반응도 함께 관찰해본다. 가령, 막막할 때 나는 숨이 짧아지고, 어깨에 긴장이 들어간다. 명치끝이 죄어오며 울 것 같은 느낌이 든다.

나의 정서와 그에 따른 신체 반응을 알아차렸다면, 이제 그 감정을 있는 그대로 인정해줄 차례다. '그렇게 느낄 수 있지.' '설명하기 어려운 개념을 쉽게 설명하는 건 정말 어려운 일이야.' '지금 이렇게 느끼는 건 자연스러운 거야.' 마치 아끼는 친구의 힘든 마음에 공감해주듯 나의 마음에도 공감해주는 것이다. 여기서 포인트는 '공감'이다. 지금 이 단계에서 솔루션을 주려고 하지 말자! 문제를 해결하고 싶다는 마음이 들겠지만, 잠시 그 마음을 참고 지금은 내가 느끼는 감정이 무엇인지에만 집중해보자. 감정을 정확한 단어로 명명하기 어렵다면 감정 단어 목록을 활용해봐도 좋다. 내가 지금 느끼는 감정을 체크해보고, 다음과 같이 딱 두 문장으로 만들어보자.

'나는 지금 ○○을 느끼고 있어.'
'그렇게 느낄 수 있어.'

이런 과정을 통해 우리는 자신의 정서를 알아차리고, 경험하는 정서를 언어화해 정서의 명확성을 높일 수 있다. 지금 내가 느끼는 것을 '느끼고 있다'라고 표현하는 순간, 우리는 정서가 일시적이고 독특한 감각과 생각의 혼합일 뿐이라는 사실을 이해할 수 있다. 이러한 과정을 통해 결과적으로 부정적인 정서를 회피하거나 억누르지 않고도 자신의 정서를 수용할 수 있게 된다.[16]

마음챙김은 감정을 없애거나 덜 느끼게 하는 기술이 아니다. 수영장에서 몸에 힘을 빼는 건 물에 뜨기 위한 방법이지, 물을 없애는 방법이 아니듯 말이다. 물이 두려웠던 사람이라면 수영을 통해 물과 맺는 관계가 달라질 것이다. 내가 물속에서도 자유롭게 움직일 수 있고, 수영하면서도 호흡을 할 수 있다는 걸 알면 더 이상 깊은 물도 두렵지 않을 것이다. 마음챙김도 마찬가지로 감정과 내가 맺는 관계를 변화시킨다. 운동할 때 체력의 한계를 느낄 정도로 힘들지만 우리는 그 고통에 압도되지는 않는다. 너무나 자연스러운 경험이라는 걸 알고 그 고통에 저항하지 않기 때문이다. 마찬가지로 힘든 감정에 압도되지 않는 가장 좋은 방법은 그 감정을 나의 일부로 수용해주는 것이다.

고백하자면 이렇게 다 아는 듯 말해도 나 역시 마음챙김의 실천이 쉬운 것은 아니다. 마음챙김은 어느 한순간 얻어지는 깨달음이 아니라 수영처럼 매일 연습해야 하는 기술이다. 만약 기분이 나쁠 때 지금까지는 "그냥 짜증 나"라고 말했다면, 이제부터 그 짜증 속에 섞인 감정들을 구분하는 것부터 시작해보자. 내가 지금 느끼는 감정은 슬픔인가? 좌절감인가? 분노인가? 아니면 경멸인가? 나의 감정을 구체적으로 명명했다면, 그 뒤에 '그렇게 느낄 수 있어'라고 덧붙여보자. 이 글을 읽고 있는 지금, 나의 마음은 어떠한가? 새롭게 알게 된 사실에 즐거운가? 아니면 뭔가 제대로 이해하지 못했다는 기분에 찝찝한가? 실천할 수 없다는 생각에 답답한가? 어떤 기분이든 틀린 것은 없다. 내가 느끼는 감정에 정답은 없기 때문이다. 어떤 감정이든 그렇게 느낄 수 있다. 지금 이 감정을 있는 그대로 관찰하고 인정해줄 수 있다면 그것부터 벌써 충분히 좋은 시작이다.

감정을 구체화해주는 감정 단어 목록

가엾다	긴장하다	미안하다
가증스럽다	꺼림직하다	민망하다
갈등하다	낙심하다	반갑다
감격하다	남부끄럽다	반하다
감동하다	낯간지럽다	발끈하다
감탄하다	노심초사하다	배신감
거부감	놀라다	보람차다
거북하다	담담하다	부끄럽다
걱정하다	답답하다	부럽다
격노하다	당황하다	분노하다
격분하다	덤덤하다	분하다
겸연쩍다	동요하다	불쌍하다
경멸하다	동정하다	불안하다
고독하다	두렵다	불편하다
고맙다	들뜨다	불행하다
고민하다	따분하다	불만족하다
곤혹스럽다	떨떠름하다	비장하다
공감하다	뜨끔하다	비참하다
괘씸하다	마땅찮다	뾰로통하다
괴롭다	막막하다	뿌듯하다
굴욕	만족하다	사랑스럽다
권태롭다	망설이다	상실감
귀찮다	망연자실하다	서럽다
그립다	매료되다	서먹하다
근심 걱정	머쓱하다	서운하다
기고만장하다	무력감	설레다
기막히다	무료하다	섭섭하다
기쁘다	무섭다	소름 끼치다
기죽다	무안하다	소외감

속상하다
속시원하다
속 타다
슬프다
시기하다
시무룩하다
시원섭섭하다
시큰둥하다
신경질이 나다
실망하다
싫다
싫증 나다
심드렁하다
심란하다
심심하다
싱숭생숭하다
쑥쓰럽다
쓸쓸하다
씁쓸하다
아니꼽다
아쉽다
안달복달하다
안타깝다
애틋하다
야속하다
약이 오르다
얄밉다
어이없다
억울하다

역겹다
열광하다
열등감
외롭다
우습다
우울하다
우쭐하다
울적하다
원망하다
유쾌하다
의기소침하다
의기양양하다
의심
자기혐오
자랑스럽다
자신만만하다
자책하다
재미있다
절망하다
절박감
정겹다
조마조마하다
좋다
좌절하다
죄책감
주눅 들다
증오하다
지겹다
지긋지긋하다

지루하다
질투하다
짜증 내다
착잡하다
참담하다
창피하다
체념하다
초조하다
치욕스럽다
태평스럽다
통쾌하다
편안하다
평화롭다
풀 죽다
한 맺히다
행복하다
허무하다
허탈하다
혐오하다
홀가분하다
화나다
황당하다
황홀하다
후련하다
후회하다
흐뭇하다
흥미진진하다

'나만 그런 게 아냐'라는
감각이 우리를 구원한다
인간 보편성 느끼기

살면서 경험하는 일들 중 진짜 사람을 힘들게 하는 경험이 뭔지 아는가? 바로 '나만 힘든 것 같다'는 감정을 느끼는 것이다. 오래된 연인과 헤어지고 거리로 나갔는데 나만 빼고 모든 사람들이 다 괜찮은 것처럼 보이는 기분. 자살 생각 때문에 힘들어서 학생상담센터 문을 열고 들어가는 순간, 나만 이 캠퍼스에서 미친 사람인 것 같다는 공포. 사업이 망하고 도처에서 비난이 쏟아지는데 이런 고통을 겪은 사람이 주변에 없을 때의 고립감. 어쩌면 고통 그 자체만큼 우리를 힘들게 하는 건 이 고통 속에 나 홀로 고립되었다는 느낌인지도 모른다.

아무도 내가 경험한 것을 이해할 수 없고, 공감해줄 수 없다는 생각은 우리를 외롭게 만든다. '나만 힘든 거야'라는 생각은 '내가 이상해서, 내가 나약해서 그래'라는 자기비난으로 이어지기 쉽고, 자신의 고통을 수용하기보다 부인하고 외면하게 만든다. 괜찮지 않은데도 억지로 웃고, 아무 일도 아닌 척하며, 자신의 감정을 속이게 된다. 그렇게 고통 속에 고립되는 악순환이 반복된다.

자기자비에서 말하는 인간 보편성은 고통이 보편적인 인간 삶의 일부임을 인정하는 것이다.[17] 누구나 실수를 하고, 결점이 있으며, 어려운 시기를 겪는다. 완벽주의자를 위한 워크숍을 할 때 내가 제일 처음 설명하는 내용은 '완벽주의자는 완벽한 사람이 아니다'라는 것이다. 살면서 완벽한 사람을 만나본 적이 있는가? 아마 없을 것이다. 왜냐하면 그런 사람은 세상에 없기 때문이다. 살면서 고통을 겪은 적이 없었다는 사람을 만나본 적이 있는가? 이 역시 아마 없을 것이다.

안타까운 동시에 다행스럽게도, 인간이라면 누구나 크고 작은 시련과 고통을 겪으며 살아간다. 심지어 내가 경험했던 '연인과 헤어지고 거리에 나갔는데 나 빼고 모두 괜찮은 듯한 느낌'은 노래 가사로도 자주 나올 만큼 사람들이 흔히 겪는 일이다. 자살 충동 때문에 학생상담센터를 방문하는 경우는? 내가 학생상담센터에서 일하고 나서 알게 된 일이지만, 대학교 학생

상담센터에서 상담을 받으려면 보통 2~3개월은 대기해야 한다. 그만큼 흔한 일이라는 뜻이다. 사업이 망해서 도처에서 비난이 쏟아지는 일보다 고립감으로 인해 더 힘들게 폐업 후폭풍을 겪는 사람들도 많다. 물론 타인도 고통을 겪는다는 사실이 나의 고통을 경감시켜주지는 않는다. 인간 보편성은 '나보다 더 힘든 사람도 있는데, 나 정도는 엄살 피우면 안 되지'라는 의미가 아니다! 내가 고통 속에 있을 때 결코 혼자가 아니라는 감각, 그리고 그 감각을 통한 연대를 가리킨다.

인터넷의 발달 덕분에 우리는 인간 보편성을 쉽게 찾을 수 있는 시대를 살게 되었다. 연인과 헤어진 후 인터넷 커뮤니티에서 비슷한 아픔을 느끼는 사람들의 이야기를 찾아본 적, 다들 있지 않은가? (나는 더 나아가 그 사람들한테 메시지까지 보내봤다. 도대체 언제 괜찮아지냐고.) 내가 겪고 있는 이 힘든 감정이 다른 사람도 느끼는 보편적인 감정임을 알게 될 때 느껴지는 그 안도감이 바로 인간 보편성이 주는 힘이다. 남들도 이런 상황에서 나처럼 힘들다는 걸 인지하면, 자신의 감정을 타당화해주기가 한결 쉬워진다. '그래. 남들도 이런 일을 겪으면 다 힘들구나. 나만 이상해서 그런 게 아니구나'라고 인정하면 자신의 감정을 비난하거나 부인하지 않게 되고 있는 그대로 받아들이게 된다.

아.. 나만
이렇게 사는건
아니겠구나..

인간 보편성을 경험할 수 있는
세 가지 방법

그런데 안타깝게도 완벽주의자들은 인간 보편성을 '체험'하기 어려운 조건 속에 있을 때가 많다. 첫째, 완벽주의가 있을 경우 자신의 힘든 감정을 공유하기 쉽지 않을 수 있다. 완벽주의자의 믿음 중 하나는 '결함이 있으면 남들에게 인정받거나 사랑받을 수 없다'이다. 그렇기 때문에 힘든 감정을 공유하는 것 자체가 나의 치부를 드러내는 것이라고 생각될 수 있다. 가뜩이나 고통 속에서 외롭고 고립되었다는 느낌이 드는데, 이걸 이야기했다가 원래 곁에 있던 사람들마저 멀어지지 않을까 두려운 것이다. 내가 힘든 이야기를 꺼내지 않으니 상대도 자신의 힘든 이야기를 꺼내지 않는다. 상대가 힘든 이야기를 하지 않으니 나도 꺼내지 않는다. 이런 상황이 반복되는 것이다.

둘째, 환경적인 특성이다. 소위 '경쟁적인 엘리트 집단'에 소속된 경우 서로의 어려움을 나누지 않는 문화가 보편적인 것 같다. 운 좋은 환경에서 태어나 모범생으로만 살아온 경우 실제로 큰 어려움을 겪지 않은 사람들만 주위에 있을 수도 있다. 힘든 감정을 나누는 것 자체가 나약함의 상징으로 치부되다 보니 아무도 자신이 겪는 어려움에 대해 이야기하지 않는 집단.

모두가 얼마나 자기가 잘나가고 멋진 성취를 했는지 뽐내는 집단에 속해 있다 보면 작은 어려움을 겪어도 '나만' 못난 사람인 것 같다고 느끼기가 쉽다.

만약 인간 보편성을 경험하기 어려운 상황이나 환경 속에 있다면 다음의 세 가지 방법을 추천한다. 가장 쉬운 방법은 내가 했던 것처럼 인터넷 세상에서 나와 비슷한 일을 겪은 사람의 이야기를 찾아보는 것이다. 세상에 나와 '똑같은' 고통을 겪은 사람은 드물겠지만, 나와 '비슷한' 고통을 겪은 사람은 무수히 많다. 나는 친동생과 절연한 채로 살고 있다. 나와 같은 이유로 친동생과 절연한 사람을 찾기는 힘들지만, 다양한 이유로 가족과 절연한 사람들은 무수히 많다. 이런 이야기를 만나게 될 때, 나는 이 세상에서 내가 혼자가 아니라는 걸 느낀다.

두 번째 방법은 책, 특히 소설을 읽는 것이다. 소설은 인간 고통의 저장 창고다. 18세기 낯선 풍경을 살았던 사람도 지금의 나와 비슷한 고통을 겪을 수 있다는 걸 알게 되면 지금 나의 고통스러운 경험이 결국 인류가 보편적으로 겪는 일임을 체감할 수 있게 된다.

마지막은 가장 어렵고도 효과적인 방법인데, 바로 나의 고통을 공유하는 것이다. 내가 그림일기를 그리기 시작한 것도 바로 그런 이유였다. 나는 그림일기를 그려서 공유하기 전까지

나만 이렇게 불화한 가정에서 자랐다고 생각했고, 나만 정신건강 문제를 겪고 있으며, 나만 번듯한 대기업을 퇴사해서 20대 후반에 진로를 찾아 방황하고 있다고 생각했다. 놀랍게도 내가 정말 개인적인 고통이라고 생각했던 이야기들을 SNS에 올릴 때마다 수많은 사람들이 나에게 공감했다. 임상심리 전문가 수련을 그만둔 이야기를 그려서 공유하자 수련을 그만둔 사람들이 나를 찾아왔고, 악플로 힘들어하는 이야기를 그려서 올리자 같은 문제로 힘들어하는 다양한 작가님들이 내게 자신의 마음을 털어놓았다. 내가 이 책에서 내 이야기를 솔직하게 공유할 수 있는 것도 바로 그런 경험들 덕분이다. 내가 어떤 일을 겪었든, 어떤 고통을 겪었든 분명 거기에 공감해줄 사람이 있다는 걸 믿기 때문이다.

인간 보편성은 고립 속에서 우리를 건져주는 것 말고도 놀라운 방식으로 우리를 성장시킨다. 바로 고통을 통해 타인과 연결되는 경험을 가능하게 해준다는 점이다. 내가 겪은 아픔을 겪고 있는 또 다른 사람을 볼 때, 우리는 그이에게 깊이 공감할 수 있다. 상대에게 자연스러운 연민이 들고, 그 사람이 고통 속에 혼자 남겨지지 않길 바라는 마음이 든다. 나는 이러한 마음이 우리가 사는 세상을 인간적인 곳으로 만드는 동력이라고 생각한다. 지하철에서 서럽게 울고 있는 낯선 이에게 안타까운 마음이 드는 순간, 지구 반대편에서 전쟁으로 죽어가는 아이들을 보며 분노하는 마음, 곤란한 상황에 빠진 행인을 볼 때 도와주고 싶어 다가가는 발걸음. 이 모든 다정한 마음은 우리가 고통을 겪어본 적 없는 존재라면 불가능했을 마음이다. 우리가 살고 있는 세상은 고통을 겪는 이들과 연대하며 변화해왔다. 그러니 우리는 고통 속에서 혼자가 아니다. 어떤 면에서 진정으로 우리를 연결시켜주는 건 고통일지도 모른다.

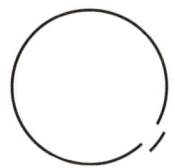

남에겐 친절하지만
나에겐 그렇지 못해요
스스로에게 예의 갖추기

"너무 오글거려요." "가식적인 것 같아요." "마음에 와닿지 않아요." "진짜 자신에게 이렇게 말하는 사람이 있을까요?" 자기친절의 말을 떠올려보라고 했을 때, 완벽주의자들이 흔히 보이는 반응이다. 완벽주의 성향이 있는 나의 친구 K도 마찬가지였다. "나에게 친절하라고? 그런 게 효과가 있어?" "나는 위로와 공감보다는 솔루션 주는 게 더 좋더라" 하고 쿨하게 말하는 친구였다. 그는 자신의 모든 행동을 엄격하게 평가했다. 좋게 말하자면 늘 자기반성을 할 줄 아는 사람이었고, 다르게 말하자면 자신에게 친절한 것이 무척 어색한 사람이었다.

자기비난을 주제로 K와 대화하던 중 그가 말했다. "어쩌면 나를 엄격하게 대하며, 계속 나 자신을 다잡으려고 하는 게 내가 아는 유일한 사랑의 방식인지도 모르겠어." 그의 부모님은 잘한 일을 칭찬하기보다는 잘못한 일을 혼내는 분들이었다. 그런 행동 이면에는 그가 올바른 사람으로 자라주길 바라는 사랑이 담겨 있었을 것이다. 그는 어릴 때부터 그 마음을 느낄 수 있었다고 했다. 그래서 자연스레 자기 자신을 사랑하고 잘 돌보는 방법은 스스로를 엄격하게 대하는 것이라고 생각하게 되었다고 했다.

물론 사랑의 방식에 정답은 없다. 다만 아무리 엄격한 부모라고 하더라도 좋은 부모라면 자녀가 고통에 빠져 있을 때조차 엄격하게 대하지는 않을 것이다. 가령, 아이가 놀이터에서 뛰어놀다가 다쳤을 때, "그러니까 위험하게 뛰어다니지 말라고 했지!"라고 혼내기보다 "많이 아프고 놀랐겠다. 얼른 소독하고 약 바르자" 하고 달래줄 것이다. 자기자비에서 말하는 자기친절도 마찬가지다. 자기친절이란 자신의 부족함이나 고통, 결점, 원치 않는 감정과 생각들을 마주하게 되었을 때, 꾸짖고 비판하는 게 아니라 친절하고 따뜻한 태도로 자신을 안심시키고 위로하는 것을 의미한다.[18] 이런 반응은 스스로가 충분하지 못하다고 판단했을 때 자신을 비난하는 태도와 대조적이라고 볼 수 있다.

166

'충분하지 못하다고 판단했을 때도 자신을 비난하지 않고, 친절하게 대하기'는 완벽주의자들이 납득하기 쉬운 개념이 아니다. 충분하지 못했을 때 자신을 비난하지 않으면 개선될 수 없을 거라고 믿는 경우가 많기 때문이다. 하지만 자기비난과 목표 달성을 다룬 연구들에서 자기비난은 목표 추구를 저해시키는 것으로 나타났다.

매사추세츠 다트머스대학교와 맥길대학교, 코네티컷대학교 연구진들이 공동으로 실시한 한 연구에서 성인 400여 명을 대상으로 체중 감소와 자기비난, 높은 목표(자기지향 완벽주의)의 연관성을 추적 관찰했다. 그 결과, 높은 기준 자체는 체중 감소에 도움이 되지만, 자기비난이 높은 것은 체중 감소량이 낮은 것과 상관이 있었다.

이 실험에서 흥미로운 지점은 완벽주의자의 높은 기준이 체중 감소에 미치는 영향을 통계적으로 제거하면, 자기비난이 목표 달성에 미치는 부정적인 영향이 더 증가한다는 점이었다. 그러니까 완벽주의자들이 목표를 달성하며 살 수 있었던 것은 자기비난 때문이 아니라, 완벽주의의 다른 특성들(적응적 대처 능력, 자아 강도, 조직력, 끈기)에서 비롯되었을 가능성이 높은 것이다.[19]

자기친절이 어렵다면
'예의'부터 갖춰보자

자기비난이 도움이 되지 않는다는 걸 알더라도, 완벽주의자들이 자기친절을 연습하는 것은 쉬운 일이 아니다. 1) 나에게 어떻게 친절해야 할지 상상이 안 가는 경우가 많고, 2) 언제 나에게 친절해지고, 또 언제 엄격해져야 하는지 판단하기 어려울 때도 많으며, 3) 친절한 말이나 행동을 해도 와닿지 않는 경우가 많기 때문이다. 나를 늘 못마땅하게 보고 사사건건 마음을 후벼 파는 비난을 하는 상사가 갑자기 나한테 친절하게 대한다고 상상해보자. 일단 상상이 잘 가지 않을 것이다. 그리고 상상을 하더라도 상사의 그런 행동에 위로와 감동을 받기보다 '이 사람이 뭐 잘못 먹었나? 갑자기 왜이래?' 하고 꺼림직한 느낌이 들 것이다.

바로 이 상황이 완벽주의자가 자신에게 친절해지려고 할 때 발생하는 상황이다. 나와의 관계가 다정하지 않은 상황에서 갑자기 억지 친절을 베푼다고 갑자기 관계가 호전되기 어렵다. 그래서 내가 제안하는 방법은 '나에게 친절하기 어렵다면, 예의를 갖추는 것부터 시작하기'다. 친절함에 대한 압박을 내려놓고 내가 남을 대하듯 예의를 갖춘다고 상상해보면 위의 세

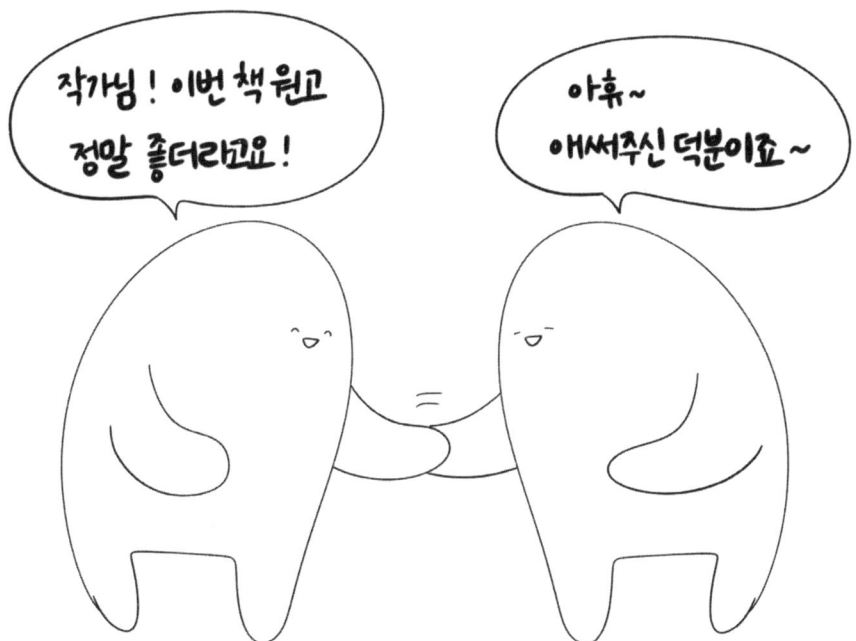

가지 상황에서 어떻게 해야 할지 실마리가 보일 것이다.

내가 남에게 예의를 갖춰 행동할 때를 생각해보자. 상대가 곤경에 처해 있을 때 외면하지 않을 것이다. 체면치레를 하기 위해서라도 관심을 갖고 도와주려고 할 것이다. "너 열심히 안 하더니 그렇게 될 줄 알았다"라고 혀를 차거나, "자업자득이지. 부끄러운 줄 알아"라고 비난하지 않을 것이다. 왜냐하면 그건 예의에 어긋나는 태도와 말이니까. 남에게 예의를 갖출 때 우리는 언제 예의를 더 갖추고, 덜 갖출지 판단하지 않는다. '항상' 예의를 갖추려고 노력한다. 나 자신을 대할 때도 마찬가지다. 언제 친절할지 고민하지 않고, 늘 예의를 갖추는 게 중요하다. 우리는 대부분 꼭 진심에서 우러나오지 않아도 예의를 갖춰 행동한다. 상대가 나를 예의 있게 대해줄 때도 우리는 그 진심을 따지지 않는다. 그런데 왜 나와의 관계에서는 모든 말과 행동에 진심이어야 한다고 생각하는가? 물론 진심으로 나를 아끼고 사랑하는 마음으로 행동할 수 있으면 좋겠지만, 그렇지 않더라도 상관없다고 생각한다.

심리학자가 아닌 한 인간으로서 소신을 갖고 말하자면, 힘들 때 위로와 공감, 친절한 태도가 필요하지 않은 사람은 없다. 다만 그러한 것들을 경험해본 적이 없기에 낯설고 어색하게 느껴질 뿐이다. 그러니 나 자신을 따뜻하고 친절한 태도로 대하는

것으로 바로 넘어가기 어렵다면 예의 있게 인사를 건네는 것
부터 시작해보자. 힘들 때 억지로 친절한 말을 쥐어짜내기보다
"너 참 힘들겠구나", "내가 도울 일이 있을까?"라고 정중하게
물어보는 것부터 시작해보자. 어쩌면 우리는 오랫동안 그런 말
들을 기다렸는지도 모른다. 다른 누가 아닌 바로 나 자신으로
부터.

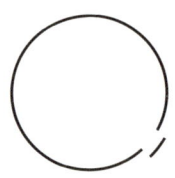

자기비난은 이겨내야 할 대상이 아니다

자기비난과 화해하기

사람들은 자기비난의 목소리를 없애야 한다고 생각한다. 혹은 그 비난과 싸워 이겨야 한다고 생각하는 경우도 있다. 앞서 이야기했던 완벽주의자 B씨를 예로 들어보자. 퇴근 후 책상 앞에 앉아 온라인 영어 강의를 들으려고 앉아 있지만 자꾸 휴대폰만 보며 딴짓하는 자신을 비난하고 있을 때, 어떻게 그 목소리를 다룰 수 있을까? 우리가 가장 흔하게 쓰는 방법은 자기비난을 회피하는 것이다. 휴대폰을 보는 자신을 비난하는 목소리를 잊기 위해 또다시 화면을 스크롤하며 새로고침 하는 모습, 익숙하지 않은가?

또 다른 방법은 자기비난에 반박하는 것이다. '오늘 하루 피곤했잖아!' '조금 놀다가 공부할 수도 있지,' '어차피 오늘 저녁에 공부 안 할 것 같으니까 그냥 놀래.' 반박이 성공적이라면 좋겠지만 때로 이런 반박은 끝없는 입씨름으로 이어지기 십상이다('넌 매일 이런 식이야', '이래서 언제 공부할래?', '넌 의지력이 약해' VS. '아니, 그렇지 않아', '난 쉬고 싶어'). 자기비난과 싸움을 지속하며 끊임없이 에너지를 낭비하다 보면 정작 놀고 나서도 지쳤다는 느낌을 받게 된다. 이 싸움을 근본적으로 멈추는 방법은 자기비난의 목소리와 화해하는 것이다.

나는 나쁜 습관을 반복할 때나 좋은 습관을 지속하지 않을 때 나 자신을 비난하는 경향이 있다. 거실에 있는 폼롤러를 바라만 보고 스트레칭을 하지 않을 때, 배가 부른데도 입이 심심하다는 이유로 간식을 먹을 때, 일을 하다가도 계속 인터넷 창을 켤 때 등등. 내가 이러고 있는 모습을 발견하는 순간, 내 안의 자기비난이 한숨 쉬는 게 느껴진다. '또, 또, 또! 그런다'라고 혀를 차고 있는 것만 같다. 그런데 이 자기비난의 목소리를 무시하기 전에, 잠깐 그 마음을 헤아려보자. 자기비난의 목소리는 내 인생이 망하기를 바라고 있을까? 내가 끔찍한 인생을 살길 바라면서 나의 일거수일투족을 감시하고 있는 것일까?

사실 그 반대일 때가 더 많다. 자기비난의 선한 의도를 헤아려보면, 이 목소리는 내 어깨가 아프지 않게 폼롤러를 하길 바

라고, 건강한 식습관을 갖추길 바라며, 지금 하고 있는 일에 몰입하기를 바란다. 자기비난의 목소리는 결코 나의 적이 아니다. 그 누구보다도 나와 한 팀인 것이다. 다만 나 자신에게 엄격한 것이 나를 사랑하는 유일한 방식이라고 생각했던 친구 K처럼 나에 대한 사랑을 표현하는 방식이 자신을 비난하는 것이었을 뿐이다.

자기비난의 선한 의도를 헤아리는 순간, 변화는 시작된다

자기비난의 선한 의도를 헤아려보면 마치 우리네 부모님 같다. 독한 말을 쏟아대고 나서는 "다 이거 너 잘되라고 하는 소리야"라고 덧붙이는. 안타깝게도 그 말을 듣고 내가 잘되는 방향으로 나아간 적은 한 번도 없다. 그럼에도 불구하고 나는 그 걱정 섞인 목소리 깊은 곳에 사랑이 담겨 있음을 안다. 그 사랑을 당신들이 아는 유일한 방식으로 매우 서툴게 표현하는 것뿐이라는 걸.

나 자신을 향한 자기비난도 마찬가지다. 의도는 선했으나 그 전달 방식이 심히 잘못된 것뿐이다. 다행히 자기비난의 목소리와 나는 둘 다 공동의 목표가 있다. 바로 나 자신이 조금 더 행복하고, 만족스럽고, 건강한 방식으로 사는 것이다. 우리는 여기서부터 화해를 시작해볼 수 있다.

화해의 첫 단계는 자기비난의 선한 의도를 인정해주는 것이다.

'내가 젊은 나이에 오십견이 왔는데도 스트레칭을 잘 하지 않는다는 게 무척 걱정스러운 거 알아. 내가 매일 폼롤러를 해서 조금씩 나아지길 바라고, 일상을 더 편하게 살아갔으면 하는 마음에서 나에게 잔소리했던 마음 이해해. 나라도 내가 사랑하는 사람이 아픈 곳이 있다면 그 사람이 나아지기 위해 매일 스스로 노력하길 바랐을 거야.'

화해의 두 번째 단계는 그렇게 행동할 수밖에 없었던 내 마음도 헤아려주는 것이다.

'그런데 사실 스트레칭 하루 한다고 내일 바로 나아지는 게 아니잖아? 나도 노력해봤는데 나아지지 않고 계속 어깨가 불편한 게 너무 속상했어. 폼롤러를 하거나 스트레칭을 하는 게 의미 없다는 생각도 들었고. 내 어깨 상태가 안 좋다는 걸 외면하고 싶었던

것 같아. 그러면 좌절스러운 마음도 회피할 수 있으니까.'

여기까지 했다면, 마지막으로 자기비난의 목소리와 나의 공동 목표를 정해본다.

'매일 성실하게 스트레칭을 하지는 못할 수도 있는데, 기억날 때마다 1분씩이라도 스트레칭을 할게. 의자에 앉아 있을 때 틈틈이 기지개도 켜고!'

우리는 모두 자신의 삶을 잘 살아내기를 바라는 욕망이 있다. 대부분의 자기비난은 이러한 욕망의 반증이다. '나는 한심해'라는 비난 속에는 '나의 가치를 찾고 싶어'라는 소망이, '나는 게을러'라는 목소리에는 '내가 원하는 행동을 실천하고 싶어'라는 마음이, '나는 이기적이야' 하는 책망 속에는 '더 좋은 관계를 맺는 사람이 되고 싶어'라는 책임감이 자리하고 있다고 생각한다. 우리는 자기비난을 통해 더 나은 사람이 될 수 없다. 다만 자기비난을 통해 우리가 '어떤' 좋은 사람이 되고 싶은지 짐작해볼 수 있을 따름이다.

매일 나를 괴롭히고 있다고 생각했던 자기비난의 얼굴을 다시 바라보자. 내가 더 나은 삶을 살기를 바라는 마음에 매일 발을 동동 구르고 있었을 자기비난의 등을 토닥여주자. 이 친구는 자기가 아는 최선의 방법으로 나를 도우려고 했던 것뿐이다. 도움은 되지 않았더라도, 그 노고에 대해서는 인정해주자. 자기비난이 '넌 내가 없으면 잘 살 수 없다고!' 하고 불안한 목소리로 소리친다면 안심시켜주자. '네가 조금 쉬고 있어도, 나는 혼자서 잘해낼 수 있어. 한번 지켜봐줄래?' 하고 말이다. 자기비난을 무조건 없앨 필요는 없다. 지금까지 너무 열심히 일해온 자기비난을 조금 쉬게 해준다고 생각해보자. 표현은 서툴렀지만 누구보다 나를 아꼈던 이 녀석은 늘 나를 조금 불안한 눈빛으로 지켜보겠지만, 그마저도 사랑이라고 생각해보자.

자기비난의 목소리가 보낸 답장

'난 내가 없으면 네가 절대 스트레칭을 하지 않을 거라고 생각했어. 내가 아무리 뭐라고 해도 몸을 움직이지 않는 너를 보고 더크고 지독하게 말해야 한다고 생각했지. 맞아. 나는 네가 걱정되어서 그랬던 거야. 네가 아프지 않고, 어깨에 신경 쓰지 않고, 그냥 아무렇지 않은 건강한 몸으로 살아가길 바랐어. 나는 너를 포기하고 싶지 않아서 계속 말했던 거였어. 나는 앞으로도 너를 계속 신경 쓸 거야. 서툴고 비난처럼 들리더라도 계속 너에게 잔소리를 할 수도 있어. 그래도 그게 너를 아끼는 마음에서 하는 이

야기라는 걸 알아줘서 고마워. 우리 이제 덜 싸우고, 자주 화해하
자. 왜냐하면 우리 둘 다 너 자신을 가장 아끼는 마음이니까.'

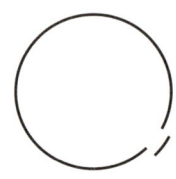

내가 정말 듣고 싶었던 한마디, "너, 참 힘들었겠구나."

실패를 용서하기

오늘도 또 악몽을 꾸다 일어났다. 늘 똑같은 꿈이다. 내가 사업에 실패했을 때다. 꿈에서 깨면 비몽사몽한 채로 다시 그 순간으로 돌아간다. 그리고 처음부터 다시 생각해본다. 어떻게 다르게 할 수 있었을까? 무엇이 잘못이었을까? 내가 그때 내렸던 결정들이 정말 최선이었을까? 한 번도 답을 찾은 적은 없다. 무언가 잃어버리고 찾지 못한 사람처럼 그곳을 계속 배회하는 나를 발견할 뿐이다. 실패는 누구에게나 힘든 경험이다. 완벽주의 성향이 있는 사람에게 실패란 용서하지 못할 경험이 되기도 한다.

완벽주의자는 실패가 두려워 일을 미루거나 도전을 망설인 경험이 많다. 일에서의 실패를 존재의 실패로 받아들이는 경우가 많아 실패할 가능성을 최대한 줄이고자 한다. 실패하지 않는 방법은 간단하다. 시작하지 않는 것이다. 일을 미루는 자신을 비난하는 고통이 실패한 자신을 마주하는 고통보다는 덜할 수 있다. 그러나 안타깝게도 세상 그 누구도 실패는 피할 수 없으며, 그건 완벽주의자들도 예외가 아니다. 완벽주의자들은 실패의 고통스러운 감정을 외면하거나 비난한다. 실패한 자신을 비난하고, 실패로 인해 고통스러워하는 자신을 또 비난한다. 결과적으로 실패로 인해 엄청난 감정적 고통을 경험하게 되면서 실패에 대한 두려움이 반복되는 악순환이 시작된다.

이 악순환을 끊기 위해서 필요한 것은 자신의 크고 작은 실패를 용서하는 것이다. 누구나 실패할 수 있고, 실패하는 것이 기분 좋은 일은 아니지만 견디지 못할 일도 아니라는 것을 경험하게 되면 실패가 덜 두려워진다. 실제로 많은 시도를 하면서 실패를 극복하는 경험을 하면 점점 더 실패에 대한 두려움이 줄어드는 선순환이 시작된다.

하지만 실패를 용서하는 방법에 대해 이야기하기 전에 그것이 얼마나 어려운지부터 먼저 이야기하고 싶다. 실패를 '극복'하고 '용서'하라는 이야기를 멋진 무대에서 연설하는 사람들을 보면 솔직히 가식적으로 보이기도 한다. '너는 지금 그 실패를 다 극복하고, 예전보다 더 잘 살고 있으니까 할 수 있는 말 아니야?'라는 시니컬한 생각도 든다. 실패를 용서한다는 건 그걸 딛고 성공한 사람만이 할 수 있는 일이 아닌가 싶기도 하다. 나는 아직 실패를 딛고 성공한 거 같지 않은데, 나에게도 실패를 용서할 '자격'이 있는 걸까? 실패를 용서한다는 게 나에게 면죄부를 주는 행위에 불과한 건 아닐까? 나의 실패를 용서하는 것이 결국은 이기적인 행위는 아닐까? 이런 복잡한 생각들이 들면서 외면하고 싶다는 마음이 올라온다.

그렇다면 무언가를 용서한다는 게 어떤 경험인지부터 생각해보자. 이번에도 내 경우를 이야기해보겠다. 몇 년 전 남편의 잘못된 판단으로 우리 집 가계경제가 큰 타격을 입은 적이 있다. 그 빚에 대한 모든 책임은 내가 지고 갚을 수밖에 없었다. 그 일로 나는 남편에게 굉장히 분노했지만, 결국 지금은 다 용서했다. 내가 남편을 용서할 수 있었던 이유를 생각해보면 꽤 여러 가지다. 1) 남편이 우리 둘을 괴롭게 만들겠다는 악의를 가지고 그런 결정을 한 게 아니었다는 걸 알기 때문이다. 남편은 우리 둘을 위해 좋은 결정을 하려고 했으나, 판단에 착오가 있었을 뿐이다. 2) 상대가 실수했다고 해서 그게 그 사람을 사랑하지 않을 이유는 되지 않는다. 남편은 그 실수 전이나 후에도 여전히 내가 사랑하는 모든 특성을 가지고 있는 사람이다. 3) 남편은 나에게 진심으로 사과했으며 자신이 할 수 있는 최선을 다했다. 4) 사실 나는 그 일로 가장 괴로웠을 사람이 남편 자신이라는 것을 안다. 5) 내가 사랑하는 사람의 고통을 덜어주는 방법은 그 사람의 실패를 용서해주는 것이다. 덕분에 나도 남편도 더 이상 그 일로 괴롭지 않다. 오히려 그 일을 통해 어떤 시련도 우리 관계가 품고 있는 사랑과 믿음보다 작다는 것을 느끼게 되었다.

내가 듣고 싶었던 한마디, '이제 그 고통에서 자유로워져도 괜찮아'

이쯤에서 자기자비의 가장 쉬운 원칙을 떠올려본다. '내가 아끼는 사람이 고통에 처해 있을 때 내가 그 사람을 대해주는 것처럼 나 자신을 대해주는 것'. 만약 내가 사랑하는 사람이 나와 같은 실패를 겪고 나처럼 괴로워했다면 나는 어떻게 행동했을까? 그 사람이 자신의 사업에 얼마나 많은 꿈과 희망을 갈아 넣었는지, 그래서 얼마나 노심초사했는지, 얼마나 애썼는지 모든 순간 지켜봤다면 나는 어떤 말을 해줬을까? 아마 나는 같이 울어줬을 것 같다. 부서진 꿈들의 조각이 얼마나 아프게 마음에 박혀 있는지 느껴질 테니까. 그 사람이 만약 그 일로 자책한다면, 반박하지 않고 '그럴 수 있다'라고 말해줬을 것 같다. 자책하는 것조차 너무 자연스러운 일이라고.

더불어 이렇게 말해줬을 것 같다. 너는 그때 겨우 30대 초반이었고, 네가 할 수 있는 모든 노력을 다 쏟았던 거라고. 너는 좋은 결정을 하려고 했지만 매번 좋은 결정을 할 경험과 능력이 부족했던 것뿐이라고. 그 실패는 일에서의 실패일 뿐이며 그게 인간으로서의 너의 가치를 바꿔놓지는 않는다고. 너는 실패로 인한 모든 법적, 경제적 책임을 감수했으며, 부족했다 할지라도 그게 그때의 네가 할 수 있는 최선이었다는 걸 내가 알고 있다고. 누군가를 용서할 수 있는 자격은 결국 나 자신이 결정하는 것이라고.

이 말을 쓰고 나니 왜 그렇게 오랜 시간 동안 내가 벌을 받아 마땅하다고 생각했던 것인지 돌아보게 된다. 사업에서 실패하는 건 누구나 할 수 있는 경험이다. 노련하게 실패하는 사람은 아무도 없다. 누구나 허둥거리고 당황하며 부족한 결정을 한다. 실패를 예상하며 실패하는 사람은 없기 때문이다. 나는 무엇을 위해 나 자신에게 그렇게 가혹했을까? 나는 왜 나를 위한 변호와 변명을 하는 게 그렇게 어려웠을까? 나는 아주 오랫동안 용서받기를 바랐다. 권위 있는 누군가가 내게 "그건 너의 잘못이 아니다. 설혹 너의 잘못일지라도 너는 그 책임을 다했다.

너는 이제 자유로워도 된다"라고 허락해주기를 기다렸던 것처럼. 사실 나에게 그 말을 해줄 수 있는 유일한 사람은 나밖에 없었는데도 말이다.

'지은 죄나 잘못한 일에 대하여 꾸짖거나 벌하지 아니하고 덮어줌.' 용서의 사전적 의미다. 용서란 지은 죄나 잘못한 일을 부인하는 것이 아니다. 나는 사업이 실패하는 과정에서 무수히 많은 잘못된 판단을 내렸음을 인정한다. 용서는 그러한 판단들을 정당화하는 것이 아니다. 용서는 과거의 고통에서 벗어나도 된다는 허락일지도 모른다. 이때의 허락은 잘못한 것만큼 벌을 받았기 때문에 이제 거기서 나와도 되는 자격을 얻어서 이루어지는 게 아니다. 그저 내가 더 이상 고통받는 걸 원치 않기 때문에 내려지는 허락이다.

또한, 용서는 한 번에 이루어지는 결과가 아니다. 우리가 누군가를 용서할 때 한 번에 되지 않는다. 우리는 같은 사람의 같은 실수에 대해 용서하고, 용서하고 다시 용서한다. 어쩌면 나자신에 대해서도 마찬가지일 것이다. 나는 앞으로도 또 악몽을 꾸는 날을 겪을 것이다. 그리고 또다시 나의 실패를 곱씹을 때가 있을 것이다. 나는 우리가 그런 날들 또한 용서할 수 있기를 기원한다. 과거의 상처에서 아직 다 벗어나지 못한 자신을 연민 어린 마음으로 바라봐주길 기원한다. 우리가 용서받을 대단한 자격이 있어서가 아니다. 인간은 누구나 실패하면 무너진 가슴을 안고 우는 존재이기 때문이다. 물에 빠진 사람이 허우적거리는데 그 사람을 구할 자격이 있는지 묻는 사람은 없을 것이다. 고통에 빠져 있는 우리도 마찬가지다. 우리는 모두 자신의 고통으로부터 구해질 자격이 있다. 최소한 그 정도의 자격은 있다.

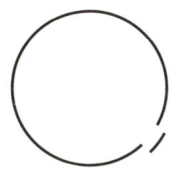

자기자비는 연습으로
얻을 수 있는 기술이다
자기자비 실천을 위한 실전 팁들

자기자비는 나 자신과 좋은 관계를 맺는 한 가지 방법이다. 그러나 모든 좋은 관계가 그러하듯 자기자비 역시 하루아침에 이루어지지 않는다. 시행착오를 겪는 것도 자연스러운 과정의 일부다. 책에서 읽을 때는 다 좋은 말이자 맞는 말 같지만 막상 자신의 일상 속에서 실천하려고 하면 어렵게 느껴질 수 있다. 하지만 전혀 이상한 게 아니다! 어떤 내용들은 아무리 읽어도 마음으로 이해되지 않는 지점이 있을 것이다. 이런 책을 아무리 읽어도 변화가 없는 자신의 모습이 답답하게 느껴질 수도 있다.

희망적인 점이 있다면 자기자비는 연습을 통해 얻을 수 있는 기술이라는 것이다. 태어난 지 얼마 안 된 아이가 오늘 뒤집기를 했다고 해서 내일 당장 일어나서 걸을 수 있는 게 아니듯 모든 기술은 꾸준한 연습을 통해 체득된다. 자기자비도 마찬가지다. 오늘 자기자비를 배웠다고 해서 내일부터 나의 모든 고통에 자비로워지기란 불가능하다. 그래서 이번 글에서는 자기자비를 일상 속에서 연습하기 위한 실전 팁 다섯 가지를 소개할까 한다.

① 인내심을 갖기

만약 내가 지금 이 책을 읽고 있는 당신에게 다가가 "안녕하세요. 오늘부터 우리 친구할래요?"라고 하면 어떨까? 우리가 그날부터 바로 친구가 될 수 있을까? 아마 몹시 어려울 것이다. 나와 좋은 관계를 맺는 것도 이와 같다고 생각한다. '오늘부터 진짜 나한테 친절하게 대해줘야지!'라고 다짐한다고 해서 바로 나와의 관계가 좋아질 수는 없다. 좋은 관계를 쌓아올리기 위해서는 시간이 필요하다. 나의 고통에 귀 기울여주고 다정한 위로를 건네는 시간, 내가 더 고통받지 않기를 진심으로 바라는 마음, 나의 크고 작은 결함을 진심으로 용서하는 경험. 이 모든 것들이 조금씩 차곡차곡 쌓이면서 나 자신과의 좋은 관계가 형성된다. 나를 사랑한다는 건 추상적인 느낌이 아니다. 내가 나를 잘 대해주고, 나의 가치를 있는 그대로 존중해주며 보낸 시간들의 총합이 결국 사랑이라는 확신이 될 것이다.

② 자기자비를 실천하지 못하는 자신을 비난하지 않기

자신을 습관처럼 비난하고 있는 모습을 발견했을 때, '또 이렇게 자책하다니. 역시 나는 나를 사랑할 수 없어!'라고 비난 위에 또 다른 비난을 얹지 않았으면 좋겠다. 자기 속으로 낳은 자식도 늘 완벽하게 사랑하고 보살펴주기는 어렵다고 한다. 하물며 나 자신과의 관계에서는 오죽하겠는가! 인간이라면 자기비난을 할 수도 있다. 고통을 수용하는 게 아니라 회피하고 싶을 때도 있고, 고통받는 자신에게 가혹해질 때도 있고, 고통 속에 고립되는 경험을 할 수도 있다. 이는 우리가 인간이기 때문이다. 다만 자기자비를 아예 실천하지 않는 것보다 시행착오를 겪더라도 기억날 때마다 실천해보는 게 우리의 삶에 더 도움이 된다고 생각한다.

자기자비를 실천하지 못하는 자신의 모습을 발견하면 그냥 있는 그대로 그러한 모습을 알아차리기만 해보자. '지금 내가 나한테 참 야박하게 굴고 있구나' 하고 넘어가자. 그리고 여력이 생겼을 때 다시 시도해보는 것이다. 만약 나를 아끼는 사람이었다면 그 순간 어떻게 다른 방식으로 나를 대해줬을지 생각해보는 것도 좋다. 사랑하는 사람들이 우리가 그들에게 저지른 실수를 용서해주듯, 우리도 시행착오를 겪는 스스로를 용서해줄 수 있다.

③ 제대로 하려고 하지 말고 최대한 쉽게 하기

자기자비를 인내심을 갖고 실천하고, 시행착오에도 불구하고 지속하기 위해서 가장 중요한 포인트는 제대로, 완벽하게 하려는 압박감을 내려놓는 것이다. 대신 최대한 즐겁고 쉽게 할 수 있는 방법을 찾아보는 걸 추천한다. 예를 들어, 나는 거룩한 말투로 나를 토닥여주는 것을 좋아하지 않는다. '실패해도 괜찮아. 그걸로 내 존재 가치가 변하지 않으니까'라고 다정하게 이야기하기보다 '이거 망해서 죽을 거였으면 지금까지 살아남지 못했을 것임 ㅋㅋㅋ' 하고 속으로 웃는 것이 더 즐겁게 느껴진다. 매일 10분씩 명상을 하는 건 너무 어렵게 느껴진다. 대신 자기 전에 1분 정도 호흡에 집중하는 건 할 수 있다.

이 책에서 말한 자기자비의 예시들은 '나의' 예시일 뿐이다. 사람마다 필요한 자기자비의 형태는 모두 다르다. 나는 자기비난이 올라올 때 의식적으로 몸의 긴장을 풀어주는 게 잘 맞지만, 어떤 사람은 흥겹게 춤을 추는 게 더 맞는 방식일 수 있다. 나는 그림일기를 그리며 나의 감정을 풀어내는 걸 좋아하지만, 어떤 사람은 친구와 흠뻑 수다를 떠는 게 자신을 위해주는 행동일 수 있다. 그러니 자기자비의 형태에 정답이 있다고 생각하지 말자. 나는 나 자신에 관한 전문가다. 내게 필요한 걸 나보다 더 잘 아는 사람은 세상에 없다.

④ 자기자비는 수단이 아닌
목적임을 기억하기

자기자비는 실제로 정신건강에 도움이 된다고 밝혀지고 있다. 그리고 자기자비를 실천하면 일상생활이 여러모로 편안해지는 것도 사실이다. 그럼에도 불구하고 나는 자기자비가 무언가를 달성하기 위한 수단이 아니라 목적 그 자체라고 강조하고 싶다. 사랑하는 사람이 아파서 병간호를 할 때, '이 사람이 빨리 나아서 출근을 해야 할 텐데'라는 마음으로 병간호를 하지 않을 것이다. 병간호를 하는 이유는 그 사람이 아프기 때문이고, 그 사람이 조금이라도 편안해지길 바라는 마음 때문이다. 자기자비를 실천한다고 해서 우리는 더 강해지지 않는다. 자존감이 올라가지도 않으며, 더 나은 사람이 되는 것도 아니다. 그냥 흠결이 있고 불완전한 인간인 나를 조금 더 편안하게 수용하게 될 뿐이다.

⑤ 혼자가 아니라는 것 기억하기

자기자비를 혼자 연습하는 것보다 함께 연습하는 걸 추천한다. 이 모든 시행착오와 어려움들을 함께 나눌 수 있을 때, '인간 보편성'을 제대로 느낄 수 있기 때문이다. 자기자비를 다루는 책을 함께 읽으며 친구들과 독서 모임을 하거나, 자기자비를 연습할 수 있는 커뮤니티에 들어가는 것도 방법이다. 개인적으로 나는 인스타그램 채널 톡방에 '오늘의 자기자비'라는 이름으로 내가 일상 속에서 실천한 자기자비의 행동이나 생각을 나누기도 하고, 내가 만난 완벽주의자들과 함께 오픈카톡방을 운영하며 완벽주의자로서 살아가며 겪는 고민과 자기자비 실천법을 나누기도 한다. 무엇이 되었든 이 여정에서 혼자가 아님을 기억했으면 좋겠다. 만약 떠오르는 사람이 아무도 없다면, 언제든 내 얼굴을 떠올려도 된다.

삶의 진짜 가치는
결과가 아니라 과정에 있다

: 있는 그대로의 나 자신을 사랑하며 사는 법

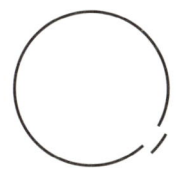

지속 가능한 방식으로
열심히 살자

완벽주의자에게 필수적인 자기돌봄 3가지

완벽주의자들에게 할 수 있는 가장 공허한 말은 "넌 기준을 좀 낮춰야 해"라는 말이다. 그건 마치 페라리를 몰면서 시속 50킬로미터로 주행하라는 말과 같다. 페라리는 그러기 위해 만들어진 차가 아니다. 완벽주의자들도 마찬가지다. 높은 기준을 정해놓고 자신을 그 기준까지 밀어붙이는 게 남들이 봤을 때는 극기처럼 보이지만, 완벽주의자들에게는 그렇게 사는 게 살아 있다는 생동감을 줄 때가 많다. 누누이 말하지만 나는 완벽주의를 근본부터 뜯어고치려는 시도는 무의미할뿐더러 불가능하다고 생각한다. 내가 페라리 차주라면, 스포츠카로서 페라리의 특성을 이해하고, 페라리답게 사용해주면서 살면 된다.

스포츠카 경기를 본 적이 있는가? 결승선을 통과하는 시간을 단 1초라도 줄이기 위해 굉음을 내며 달리는 차들이 경기 중 잠깐 멈춰 서서는 차 정비를 받는다. 서킷을 도는 와중에 바퀴도 갈고 엔진도 점검한다. 나는 이것이 완벽주의자가 지향해야 하는 삶의 방식이라고 느껴졌다. 완벽주의자에게 '덜 열심히' 살기란 정말 어려운 일이다. 대신 나는 열심히 살아가는 이 방식이 즐거움과 몰입의 경험이기를 바란다. 그리고 그런 노력이 번아웃과 무기력으로 끝나는 게 아니라, 지속 가능한 방식으로 이루어지기를 바란다. 스포츠카들도 경기 중에 정비를 받는데, 우리도 자기돌봄이 일상적으로 필요한 게 당연하지 않을까?

몸과 마음은 연결되어 있음을 잊지 말자
: 신체 돌봄

완벽주의자들에게 필수적인 자기돌봄 세 가지는 신체 돌봄, 마음 돌봄, 관계 돌봄이다. 마음 돌봄에 대해서는 앞에서 많이 이야기했으니 여기서는 신체 돌봄과 관계 돌봄에 집중해서 이야기해보려 한다. 신체 돌봄 중 완벽주의자들이 가장 쉽게 놓치는 부분은 수면과 신체 긴장, 식사다. 완벽주의자들은 일을 위해 잠을 줄이거나 일로 인한 스트레스로 쉽게 잠들지 못하는 경우가 많다. 특히 '늦게 일어나면 게으른 것이다'라는 생각 때문에 무리하게 일찍 일어나서 수면 시간이 짧은 경우도 많다. 수면을 회복하는 방법을 다루는 것은 이 책의 범위를 벗어나서 자세히 다루지는 않겠지만, 적어도 하루에 8시간은 자야 한다고 강조하고 싶다. 건강을 연구하는 모든 전문가가 입을 모아 말한다. 잠을 줄이면서 할 만큼 중요한 일은 없다고. 지금 피로와 무기력으로 힘든 상태라면 잘 자는 방법부터 찾아보자.

그다음으로 지금 잠깐 자신의 호흡을 바라보자. 숨을 참고 있거나 숨이 너무 짧아지지 않았는가? 내가 만난 정말 많은 완벽주의자들이 집중해서 일할 때, 자기도 모르게 숨을 참거나 숨을 굉장히 얕게 쉰다. 호흡이 짧아지면 몸의 긴장도가 올라가고, 몸이 긴장되면 또다시 호흡이 짧아지는 악순환이 발생한다. 그러면 같은 시간을 일해도 훨씬 피로가 심해지고 무기력을 느끼기도 쉽다. 생각날 때마다 깊게 호흡하며 근긴장을 완화하는 연습을 해보자. 거창하게 요가 매트를 펴고 스트레칭을 하지 않더라도, 화장실 가려고 일어날 때마다 기지개를 한 번씩 쭉 펴는 것부터 시작해보자. 몸의 긴장이 풀려야 마음의 긴장도 풀린다는 걸 기억하자.

일하느라 바쁘다고 식사를 거르는 분들도 많다. 때로는 일을 제대로 해내지 못한 나 자신에 대한 처벌로 식사를 건너뛰기도 한다('내가 뭘 했다고 마음 편히 밥을 먹냐'). 완벽주의는 섭식장애를 동반할 때가 많다. 스트레스를 음식으로 풀거나, 이상적인 몸매에 대한 강박으로 지나치게 소식하는 경우도 있다. 식사를 자주 거르는 게 습관이 된 분들이라면, 오히려 끼니를 챙겨 먹는 게 부담스럽게 느껴질 수 있다. 이런 경우라면 식사 때 단백질 음료 하나라도 먹는 걸로 시작해보자. 단 5분이라도 좋으니 마음 편히 긴장을 풀고 무언가 천천히 먹어보는 연습부터 해보라고 권하고 싶다.

내 존재를 인정해주는 이들의 소중함을 기억하자
: 관계 돌봄

완벽주의자들이 관계를 가꾸고 돌보는 것을 어려워하는 이유는 크게 두 가지다. 첫째, 관계는 성취와 무관하기 때문에 관계에 에너지를 쓰는 것이 낭비라고 느낄 때가 많아서다. 실제로 일이 너무 많아 친구들을 만날 시간이 부족하기도 하고, 시간이 나더라도 너무 지치고 무기력해서 친구들을 만나 놀 기력이 남아 있지 않을 때가 많다. 둘째, 관계에서도 적절하게 행동해야 한다는 압박감이 크다 보니 사람을 만나면서 남들보다 에너지를 더 많이 쓰게 된다. 일은 열심히 하면 내가 통제할 수 있는 부분이 큰데, 관계는 그렇지 않으니 더욱더 어렵다고 느껴져 회피하는 경향이 생길 때도 있다. 그 결과, 어느 순간 주위를 둘러보니 편안한 관계가 남아 있지 않고, 외로움을 잊으려 더 일에 몰두하게 된다. 모든 인간관계가 일과 연관된 관계로만 이루어져 있고, 결국 내 삶의 중심은 일이 되어버리는 것이다.

사회적 관계망은 누구에게나 중요하지만 특히 완벽주의자에게 더 중요하다고 생각한다. 완벽주의자의 뿌리 깊은 믿음인 '나의 가치는 성취에 달려 있다'를 정면으로 반박해줄 수 있는 게 바로 관계 경험이기 때문이다. 우리가 사랑하는 사람들을 생각해보자. 우리가 이들을 사랑하는 이유는 이들이 대단하고 멋진 성취를 해내서인가? 아닐 것이다. 반대로 나를 사랑하는 사람들을 떠올려보자. 내가 지금의 성취를 해내지 못한다고 해서 그들이 나를 덜 사랑할 것 같은가? 우리가 서로를 좋아하고 사랑하는 것은 성취와 무관한 감정이다. 애정 어린 관계 속에서 우리는 서로 흠결이 있어도 사랑할 수 있고, 사랑받을 수 있다는 걸 체험한다. 이런 관계는 완벽주의자들에게 든든한 안전망이 되어줄 수 있다. 설혹 내가 일에서 실패하더라도, '은영이와 민경이의 좋은 친구인 나', '영재의 사랑스러운 가족인 나',

'영수의 유쾌한 파트너인 나'라는 정체성이 나의 자존감을 지탱해줄 수 있는 것이다.

지금 내게 이런 관계가 없다고 시무룩해할 필요는 없다. 어른이 되어 친구를 만들고 유지하는 건 누구에게나 어렵고 중요한 주제다. 새로운 친구를 사귀기 어렵다면 지금 있는 친구들과의 관계부터 잘 가꿔나가보자. 먼저 연락해서 약속을 잡거나, 가볍게 안부를 묻는 것부터 시작해도 좋다. 뜬금없이 전화를 걸어 이야기를 나누는 것도 반가운 경험이 될 수 있을 것이다. 만약 이럴 만한 친구가 떠오르지 않는다면 새로운 모임에 나가보는 것도 추천한다. 일이나 성취와 무관한 맥락에서 사람을 만나고 대화를 나누는 것만으로도 기분이 환기됨을 느낄 수 있을 것이다.

자기돌봄에 대한 최소한의 기준을 어떻게 잡아야 할지 모르겠다면 교도소에 갇힌 죄수들을 기준으로 삼아보라고 하고 싶다. 죄를 지어 감옥에서 살고 있는 죄수들도 때가 되면 잔다. 일을 하다가도 시간이 되면 퇴근한다. 그리고 삼시 세끼를 챙겨 먹는다. 다른 죄수들과 친분도 쌓는다. 산책도 나가고 운동도 한다. 보통 교도소는 한 사회의 인권의 최저선을 보여준다고 한다. 진짜로 죄가 있는 사람들도 이 정도의 자기돌봄을 하면서 살아간다. 죄가 없는 우리는 그것보다 나은 삶을 살아야 하

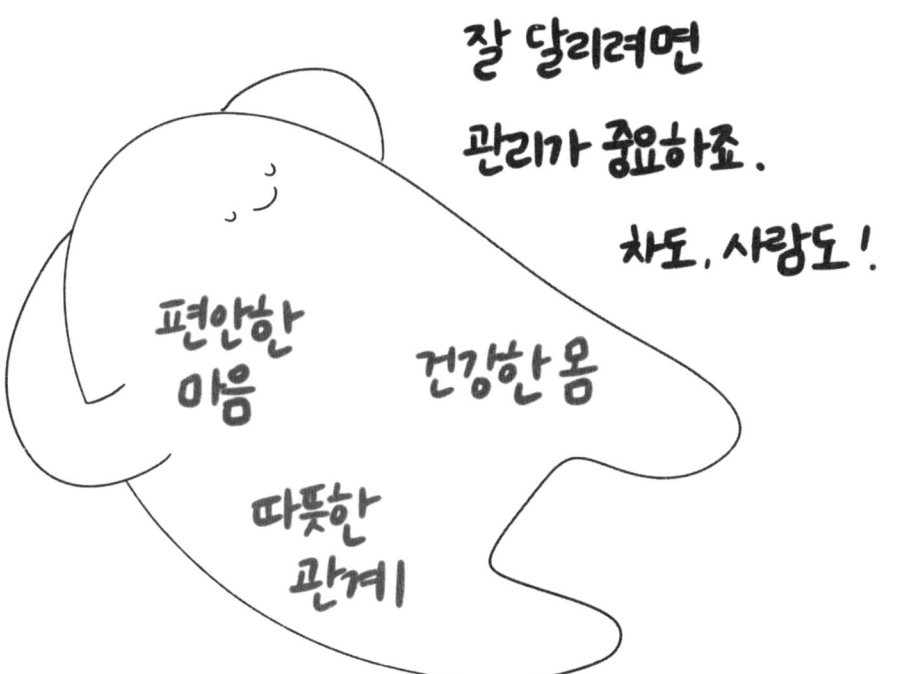

잘 달리려면
관리가 중요하죠.
차도, 사랑도!

편안한
마음

건강한 몸

따뜻한
관계

지 않겠는가? 지금 나의 삶과 죄수의 삶을 비교해보자. 만약 더 나은 일상을 살고 있는 쪽이 내가 아니라면, 어떤 점에서 개선이 필요할지 생각해보자.

과정까지 내 삶에 기여하는 목표를 세우자

완벽주의자를 위한 건강한 목표 설정법

가상의 완벽주의자 코칭 고객 C씨를 상상해보자. 그녀는 30대 초반의 직장인으로 '하고 싶은 일을 자꾸 미루게 되어서 자신감이 떨어지는 것 같다. 코칭을 통해 나를 응원해주는 마음을 키우고, 자신감을 되찾고 싶다'라고 호소하며 코칭 센터를 찾아왔다. 그녀는 주 2~3회 야근을 해서 주중에는 바쁜 편이지만 주말에는 시간이 있으니 그 시간 동안 사이드 프로젝트를 진행하고 싶다. 그래서 주말이면 아침 일찍 일어나 집 근처 도서관에 나가보려 했지만, 번번이 실패하고 결국 집에서 휴대폰만 보고 있는 자신을 자책하게 되는 날들이 이어져서 코칭 센터를 찾아오게 되었다. 그녀는 코칭을 통해 주말에 각각 4시간씩 사이드 프로젝트에 집중할 수 있는 시간을 마련할 수 있는 의지력을 키우고 싶다. 잠깐 자신이 코치가 되었다고 생각하고 이 고객을 어떻게 도울 수 있을지 상상해보자.

"솔직히 무리입니다."

많은 경우 나는 이렇게 대답하는 편이다. 내가 고객의 능력을 얕잡아 보거나, 고객의 꿈을 꺾는 걸 좋아해서 이렇게 대답하는 것이라고 오해하지 않았으면 좋겠다. 모든 코치는 고객의 목표를 존중하며, 고객의 목표 달성을 응원하기 위해 존재한다. 다만 그 응원에 제동이 걸리는 순간이 있다. 바로 고객의 목표나 목표 달성 과정이 고객의 정신 및 신체 건강을 위협할 가능성이 있을 때다.

예를 들어, 160센티미터에 42킬로그램인 고객이 헬스장에 와서 자신은 31킬로그램이 되는 게 목표라고 했을 때, 그 목표를 무조건적으로 응원하며 엄격한 식단을 제안하는 퍼스널 트레이너는 없을 것이다. 심리 코치도 마찬가지다. 코치는 고객의 목표를 '현실적이고 건강한' 목표로 재구성하는 역할을 한다. 그렇다면 현실적이고 건강한 목표가 무엇인지 어떻게 알 수 있을까?

① 나의 육체적·정신적 에너지 예산 파악하기

가상의 고객 C씨의 경우 왜 그토록 하고 싶어 하는 사이드 프로젝트를 주말에 할 수 없었을까? 상식적으로 생각해보자. 주 2~3회 야근하는 직장인이 주말에 다른 일을 할 수 있는 여력이 많이 남아 있을까? 완벽주의자들의 맹점은 무언가를 할 때 필요한 것은 오직 시간뿐이라고 생각하는 경우가 많다는 것이다. '시간이 있다=할 수 있다'라고 생각하면 시간이 있는데도 하지 않는 자신을 게으르다고 비난하게 된다. 그러나 어떤 일을 하기 위해서는 시간 외에도 육체적·정신적 에너지도 필요하다. C씨의 경우 주말에 시간이 있는 것은 사실이다. 하지만 주도적으로 무언가 할 수 있는 에너지가 없었던 것이다. 중요한 일이고, 하고 싶은 일인데도 할 수 없다면 나의 에너지 예산이 부족한 것이다.

쇼핑을 하러 간다고 생각해보자. 이때 가장 먼저 할 일은 내가 얼마나 쓸 수 있는지 예산을 파악하는 것이다. 그다음에 쇼핑에서 꼭 사야 하는 물건들을 정리한다. 그리고 난 뒤 쇼핑을 가서 예산 범위 안에서 물건을 담고 계산을 한다. 그런데 꼭 사야 하는 물건이라 카트에 담았는데 결제가 되지 않는다. 돈이 부족한 것이다! 그래서 빚을 내서 물건을 산다. 이런 패턴을 반복하다 보면 빚이 이자까지 붙어서 쌓이게 된다. 그러면 어느 순간 파산하게 되는 시점이 온다. 아주 단순하게 비유했지만, 이것이 번아웃이 오는 과정이다. C씨가 사이드 프로젝트를 완수하기 위해 미래의 에너지를 당겨서 쓰는 방법을 논의할 수도 있다. 그러나 결국 그 끝이 번아웃이라면 그게 과연 고객을 위한 제대로 된 코칭일까?

에너지 예산 파악을 위해 내가 사용하는 방법은 지난 2~4주 동안 실제로 해낸 일의 목록을 확인하는 것이다. 만약 C씨가 지난 4주간 사이드 프로젝트를 위해 쏟은 시간이 8시간이라면, 다음 한 달 동안 코칭을 통해 달성해야 할 목표는 8시간에서 10퍼센트 증가시키는 것이다. 즉, 다음 1개월간 사이드 프로젝트에 쏟는 시간이 9시간으로 증가하는 것을 목표로 삼는 게 현실적이라고 볼 수 있다. 나의 에너지 예산이 파악되지 않는다면, 지난 2~4주간 '내가 한 일'의 리스트를 쭉 적어보자. 그렇게 실제로 한 일들을 기반으로 그다음 목표를 세우는 것이 현실적이다.

② 우선순위 정하기

우리가 만수르나 일론 머스크라면 예산을 신경 쓰지 않고 쇼핑해도 괜찮을 것이다. 백화점에 들어가서 명품 가방과 명품 시계를 동시에 사도 아무 문제가 되지 않는다. 그러나 대부분의 사람들은 그렇지 않다. 예산의 한계가 있다는 걸 인정하게 되면, 포기하지 않아야 할 것과 포기해야 할 것들을 구분할 수밖에 없다. 모두에게 인정받는 직장인이자, 최고의 가족 구성원이자, 사이드 프로젝트의 귀재. 이 모든 걸 동시에 이루기란 무척 어렵다. 결국 내가 원하는 목표를 추구하려면 기존에 내가 가진 무언가를 포기하겠다는 결심이 동반되어야 한다.

완벽주의 성향이 있는 사람들의 문제는 이때 자꾸 생존과 관련된 것들을 포기할 것 목록에 넣는다는 것이다. 휴식, 식사, 잠, 놀이 같은 것들 말이다. 완벽주의자들은 이런 것들을 줄여서 목표를 달성하려고 한다. 이건 마치 식자재 쇼핑을 포기하고 명품 가방을 사겠다는 것과 같다. 단기적으로는 말이 되는 것처럼 보일지 모르겠으나, 장기적으로는 내 삶을 피폐하게 만든다. 잠을 줄이며 일을 하면 병이 나고, 노는 시간을 줄여서 사이드 프로젝트 하면 결국 제대로 쉬지 못해 어느 순간 폭발해서 휴대폰만 붙잡고 늘어져 있는 나를 발견하게 된다. 그러니 포기해야 할 것들의 목록에 나를 충전시켜주는 활동을 넣지 말자.

그러면 가상의 고객 C씨는 무엇을 포기하고, 무엇을 우선순위로 잡아야 할까? 일단 사이드 프로젝트가 정말 '지금' C씨의 인생에 필요하고 의미가 있는 활동인지를 확인해야 한다. 지금 당장 꼭 해야 하는 일이 아니라면, 사이드 프로젝트는 포기해야 하는 것들 목록에 들어가야 한다. 대신 사이드 프로젝트를 하지 않더라도 자신을 응원하고 믿어주는 마음을 기르는 법을 찾아볼 수 있다.

만약 사이드 프로젝트가 포기할 수 없는 일이라면 일이나 일상생활 속에서 포기할 것들을 찾아야 한다. 직장에서 중요한 프로젝트에 참여하는 걸 포기해야 할 수도 있고, 집을 깨끗한 상태로 유지하는 걸 포기해야 할 수도 있다. 중요하지 않거나 시급하지 않은 것들을 포기하면서, 나에게 중요하고 시급한 일들을 우선순위로 올리는 것이다. 지금 나에게 당장 필요한 것이 멀쩡한 신발 한 켤레라면 명품 시계를 사야 할 때를 기다릴 줄 알아야 한다.

③ 하루 핵심 과제는 한 개로 제약하기

가상의 고객 C씨가 주말에 사이드 프로젝트를 하기 어려워하는 이유는 그녀의 할 일 목록만 봐도 알 수 있다. '오늘 할 일: 1) 자료 서칭, 2) 자료 분석, 3) 홈페이지 한 페이지 만들기'. 그냥 한눈에 봐도 하루 안에 마치기 어려운 목록들로 채워져 있다. 그러다 보니 시작할 생각만 해도 막막해지고, 마감이 특별히 정해져 있는 것도 아니니 미루게 되고, 하고 싶다는 마음은 있지만 시작이 망설여진다. 할 일 목록은 비전 보드가 되어서는 안 된다. '내가 오늘 해내면 참 좋은 일들'이 아니라 '실제로 내가 오늘 할 수 있는 일들'이 담겨야 한다.

나는 하루 핵심 과제를 한 개로 제약하라고 권하는 편이다. C씨의 경우 주말 하루에 해야 할 일을 '자료 서칭' 하나로 정하는 것이다. 핵심 과제를 한 개로 제약하면 일단 마음의 부담이 덜어진다. 그래서 시작이 쉬워진다. 빨리 끝내고 다음 일을 시작해야 한다는 부담감이나 초조함이 덜하니 지금 하는 일에 몰입하게 된다. 몰입해서 일을 하다 보면 처음에 내가 이 일을 하고 싶어 했던 이유들을 다시 느낄 수 있다. 해야 할 일이 하나뿐이니 높은 확률로 그날 하기로 계획한 것들을 해낼 수 있다. 일을 마치고 보람이 느껴지면 그 일을 했던 것 자체가 좋은 기억으로 남는다. 일을 마치고 나서도 충분히 쉴 시간이 있기 때문에 충전하고 또 다음 날 다른 과제를 할 여력이 남아 있다.

"하루에 핵심 과제 한 개만 하면 너무 적지 않을까요?" 가상의 고객 C씨는 이런 질문을 할 수도 있다. "하지만 지금까지 아무것도 하지 않으셨던 날들이 많은데, 한 개를 해내면 이전보다 목표에 가까워지는 거 아닐까요?" 나는 이렇게 대답할 것이다. 그리고 우리는 함께 웃음을 터뜨릴 것이다.

④ 해낸 것을 인정해주고 칭찬해주기

오늘 계획한 일을 시도했다면 빈말로라도 인정과 칭찬을 해주자. 여기서 중요한 지점은 다 끝냈을 때만 칭찬해주는 게 아니라, 작은 시도라도 했다면 인정해주는 것이다. 집 밖을 나서서 도서관에만 갔어도, 앉아서 노트북을 켜고 딴짓만 했더라도, 오늘 핵심 과제의 10퍼센트밖에 해내지 못했더라도, 마무리를 다 짓지 못했더라도 말이다. 오늘의 목표 달성률이 0퍼센트가 아니었다면 그 사실을 객관적으로 인정해주는 것이다.

내가 오늘 해내지 못한 일에 집중하는 것은 자기비난으로 이어지기 쉽다. 자기비난은 우리에게 동기부여를 해주지 않는다.

그러니 대신 내가 오늘 해낸 일들에 집중해보자. '오늘 어떻게 휴대폰을 그만 보고 도서관에 갈 수 있었을까?' '노트북을 켠 것만으로도 좋은 시작이다.' '시작이 반이라는데, 나는 이미 반을 한 것이다.' 내가 해낸 것에 집중해야 그걸 반복할 수 있다. 오늘 도서관에 갈 수 있었던 이유가 '그냥 나가서 커피라도 한 잔 마시자'라는 마음이었다면 그게 유효한 전략이었을 수 있다. 핵심 과제 달성률 10퍼센트를 어떻게 해낼 수 있었는지 알아야, 그다음 10퍼센트도 해낼 수 있다.

현실적인 목표란 내 삶을 위하는 목표라고 생각한다. 그 목표를 달성해 얻게 되는 결과뿐만 아니라 그 목표를 달성해가는 과정까지 내 삶에 기여할 수 있어야 좋은 목표다. 지금 나를 압박하는 목표들을 잘 살펴보자. 내가 이 목표를 위해 사는 게 아니라 이 목표가 나를 위해 존재한다면 그 목표는 어떤 모습이어야 하겠는가?

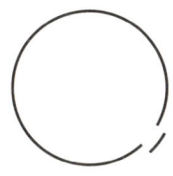

막연하게 높은 기준을
적절히 낮추자
완벽주의자를 위한 합리적 기준 설정법

완벽주의자인 내게 가장 어려운 업무 지시는 바로 "대충 해서 줘"라는 부탁이었다. 대학원을 다닐 때도 지도교수님이 "그거 어려운 거 아니니까 그냥 적당히 해서 넘겨줘"라고 말씀하시면 어찌해야 할 바를 몰랐다. 도대체 '대충'이란 무엇인지 고민하다가 오히려 일이 더 어려워지기도 했다. 이처럼 목표가 높지 않을 때도 완벽주의자에게는 시작이 어려울 수 있다. 그래서 시작이 어려운 완벽주의자에게 '기준을 낮춰라'라는 조언은 맞는 말인 동시에 쉽게 적용할 수 없는 말이기도 하다. 대충 한다고 생각했을 때 마음이 편해지거나 부담이 덜어지기는커녕 오히려 더 불편할 때가 많기 때문이다.

4장 삶이 진짜 가치는 결과가 아니라 과정에 있다

너무 높은 기준을 낮추기 위해 제일 처음 확인해야 하는 것은 바로 그 기준이 정말 너무 높은 게 맞는지 확인하는 것이다. 완벽주의자들을 가장 힘들게 하는 것 중 하나는 '막연하게' 높은 기준이다. 기준 자체가 모호하기 때문에 기준을 낮춘 결과물을 상상하기가 어렵다. 이럴 때 쓸 수 있는 방법은 '나 자신의 인사 담당자가 되어 평가 항목 만들기'다. 만약 나라는 직장인/프리랜서/리더의 인사 담당자가 있다고 가정해보자. 이 사람은 어떤 기준을 사용해 나의 수행을 평가할 것 같은가?

책을 쓰고 있는 입장에서 예를 들면, 나의 수행(=원고 쓰기)의 기준을 다음과 같은 항목으로 평가할 수 있을 것이다. 이제 100점을 만점으로 각 영역에 점수를 부여해서 수행의 중요도

인사 담당자의 수행 평가 항목	각 영역 총점
1. 도입부가 흥미로운가?	10점
2. 글의 내용에 충분한 근거가 있는가?	15점
3. 독자들이 이해하기 쉬운 글인가?	25점
4. 독자들에게 필요한 내용인가?	20점
5. 독자들이 공감할 수 있는 내용인가?	20점
6. 마감을 잘 지켰는가?	10점

나의 수행에 대한 평가 예시

를 우선순위로 매겨보자. 내 기준에서 원고를 쓸 때 가장 중요한 것은 이 책을 읽는 독자들이 쉽게 이해하고, 공감할 수 있으면서도 일상을 더 쉽게 살아가는 데 필요한 내용들을 전달하는 것이다.

기준과 우선순위가 마련되어 있지 않으면 어디서 절충해야 할지 선택하기가 어렵다. 모든 부분이 중요하다고 생각하면 시작도 하기 전부터 숨이 막힌다. 반면에 내 기준에서 중요하게 챙겨야 할 기준과 적당히 포기해도 될 기준을 선별하고 나면, 어디서 최선을 다하고 어디서 힘을 빼야 할지 선택하기가 쉬워진다.

완벽주의자가 기준을 낮춰야 하는 본질적인 이유

이제 어떤 일을 할 때 기준을 낮춰야 하는 본질적인 이유를 생각해보자. 모든 일에 힘을 주고 하면 일의 전체 효율이 떨어지게 된다. 즉, 기준을 낮추는 이유는 전반적인 결과물의 질을 올리는 데 최종적인 목적이 있다. 다시 나의 책 작업을 예로 들겠다. 내가 모든 원고를 100점으로 쓰기 위해 노력하다가 결국 책이 완성되지 않는다면, 개별 원고는 100점일지 모르겠으나 책 출간이라는 프로젝트는 0점으로 끝나게 된다. 반면에 내가 모든 원고를 70~80점 정도로 쓰겠다고 생각하고 원고 작업을 하면 책 출간이라는 궁극적인 프로젝트는 100점으로 끝날 수 있다.

여기서 포인트는 '평균'을 맞추는 것이다. 이 책에는 보는 이에 따라 50점짜리 원고도 있을 것이고, 90점짜리 원고도 있을 것이다. 그렇게 모든 원고의 평균을 내면 70점짜리 원고의 책이 완성된다. 100점짜리 원고 3~4편만 쓰여 출간되지 못한 책보다 평균 70점 정도의 원고로 출간된 책이 나는 더 가치 있다고 생각한다. 둘 중 후자만이 독자에게 가닿을 수 있기 때문이다.

기준과 우선순위를 정했다면 그다음으로는 '어떻게 하면 이 일을 제일 쉽게 할까?' 혹은 '어떻게 하면 이 일을 가장 재밌게 할 수 있을까?'라고 스스로에게 물어보자. 좋아하는 플레이 리스트를 틀어놓고 일할 수도 있고, 아끼던 향수를 바르고 기분 전환을 하며 일할 수도 있을 것이다. 아니면 '작가가 된 나'라는 역할에 빠져서 롤플레잉을 하듯 일할 수도 있다. 일에서 너무 어렵게 느껴지는 지점이 전체적으로 보았을 때 중요한 부분이 아니라면 과감히 생략하거나 최소한만 시도해보는 것으로 조정할 수도 있다. 일하는 것 자체가 긍정적인 기억으로 남아야 그다음에 일을 시작할 때 저항감이 낮아지게 된다. 즐겁게 일했던 기억이 '오늘도 그냥 한번 해볼까?'라는 가벼운 마음으로 이어지는 것이다.

마지막으로 기준을 낮춰서 일할 때 정말 중요한 포인트는 바로 내 기준에서 70~80점 정도에 도달했다 싶을 때 끝내는 것이다. 물론 완벽주의자들에게 이런 방법은 무척 찝찝하게 느껴질 것이다(나도 앞에 쓴 원고들을 생각하면 찝찝한 느낌이 든다). 하지만 나는 오히려 그 찝찝함을 신호로 활용할 것을 권한다. 그런 적 있지 않은가? 어쩌다 접신한 것처럼 '삘'이 와서 엄청나게 몰입해서 일하고 내 기준에도 만족스러운 결과물을 낸 경험. 그런데 그 경험이 반복되지 않아 좌절스럽거나 다음에도 또 그만큼 해내야 한다는 부담 때문에 오히려 다음 일의 시작이 미뤄졌던 경험. 그런 과정을 반복하지 않기 위해서는 찝찝한 순간에 마무리를 하고 다음 단계로 넘어가야 한다. 그래야 다음 일을 위한 에너지를 남길 수 있고, 전체적인 수행의 질의 평균을 높일 수 있다.

누구도 언제나 모든 일에서 100점일 수는 없다. 프로 타자들도 타율이 3할 대다. 10번 중에 일곱 번 안타를 놓쳐도 최고의 타자가 될 수 있는 것이다. 프로 타자들은 결코 대충 살지 않는 집단이다. 그럼에도 불구하고 이들조차 완벽하지 않다. 나는 우리가 100퍼센트를 하는 것에만 집중하다가 더 중요한 것들을 놓치지 않았으면 좋겠다. 그 중요한 것들 중에는 결과물을 내놓는 것도 있겠지만, 심리학자로서 더 중요하게 생각하는 건 일을 하는 과정과 일상 자체다.

　나는 목숨을 깎아가며 불세출의 명작을 쓰는 작가가 되기보다 독자들에게 적당히 도움이 되는 원고를 쓰고 나머지 시간은 고양이와 놀아주며 보내고 싶다. 고객에게 최고의 코치가 되기 위해 모든 시간을 보내기보다 나 스스로 건강한 삶을 사는 방법을 익히는 데 더 많은 시간을 쓰고 싶다. 최고의 결과물을 내기보다 그 과정에서 최선으로 배우는 사람이고 싶다. 포기하는 것들 뒤에는 지키고 싶은 것들이 있다. 나는 우리가 지키고 싶은 것들 목록에 소소하게 즐거운 일상이 포함되기를 바란다.

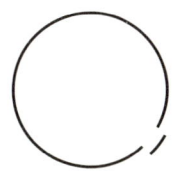

의도와 행동을 일치시키는
환경을 만들자

미루기 습관을 바꿔주는 5가지 방법

나에게 코칭을 의뢰하는 완벽주의자분들 중 60퍼센트 이상은 "미루지 않고 일을 시작하고 싶어요"라는 이야기를 하신다. 목표가 너무 높다 보니 시작하기 전부터 막막하게 느껴지고, 일을 하려고 자리에 앉아도 계속 딴짓을 하게 되고, 결국 마감 시간이 임박해서 일을 시작하니 무리하게 일을 마치게 되고, 마감은 지켰지만 결과물의 질이 만족스럽지 않을 때가 많다는 것이다. 그러면 나에게 코칭을 받은 분들은 더 이상 일을 미루지 않게 되었을까? 그렇기도 하고 아니기도 하다.

일단 미루기, 심리학에서 '지연행동'이라고 하는 것이 무엇인지부터 정리해보자. 완벽주의와 지연행동의 단계를 다룬 연구를 수행한 허효선 교수는 지연행동이 각 행동 단계마다 나타날 수 있다고 설명했다.[1] 목표를 설정하는 것 자체를 미룰 수도 있고, 목표는 세웠으나 실천으로 옮기는 것을 미룰 수도 있고, 과제를 시작했더라도 중간에 계속 딴짓을 하며 꾸준히 과제를 지속하는 게 어려울 수도 있고, 과제를 마감 내에 마무리하지 못하거나, 그 결과 과제에 대해 부정적으로 평가하거나 주관적인 불편감을 느낄 수 있다는 것이다.

즉, '자신의 의도와 달리 중요한 과제의 시작부터 마무리까지의 과정을 비합리적으로 미루다가 심리적 고통을 느끼거나, 기한 내에 완성하는 데 실패하거나 만족스러운 결과물을 내지 못하는 것'을 지연행동이라고 정의해볼 수 있다. 이러한 정의를 생각하면 결국 지연행동의 변화는 자신의 의도와 행동을 일치시키는 과정이라고 생각할 수 있다.

미루는 습관을 변화시키기 비교적 쉬운 경우가 있다. 의도와 일치된 행동을 할 수 있는 환경만 만들어주면 되는 경우다. 다음은 그러한 경우들을 정리한 것이다.

① 수면 시간 확인하기

뜬금없다고 느껴질 수 있겠으나, 일을 미루는 습관으로 힘들다는 고객들을 만날 때 내가 필수적으로 확인하는 사항은 수면 시간이다. 일을 미루는 완벽주의자들은 미룬 시간을 만회하기 위해 잠을 줄인다. 일을 마치지 않았으니 잘 자격이 없다고 생각하는 경우도 있다.

수면 시간이 짧아지면 판단력과 집중력이 떨어진다. 일의 우선순위가 파악되지 않아 목표가 더 막막하게 느껴진다. 일을 시작해도 피곤하니 집중이 되지 않는다. 억지로 잠을 깨려고 커피를 연거푸 마시고, 효율이 떨어진 상태에서 일을 늦게까지 붙잡고 있다가 일을 늦게 마치게 된다. 하루 종일 일했다는 피로함과 보상 심리에 자기 전까지 휴대폰을 보며 놀다가 자는 시간이 더 늦어지는 악순환을 반복하는 것이다.

하루에 최소 7~8시간의 수면이 확보되지 않은 상태에서 일을 미루지 않는 습관을 만든다는 것은 정말 어렵다. 일을 미루지 않고 싶다면 일단 잠부터 제대로 자야 한다. "그럼 해야 할 일을 다 못하는데요?"라고 묻는다면, 단기적으로 일을 다 못하거나 대충 하더라도 일단 수면 습관부터 재정비하는 게 필요하다고 대답하고 싶다. 일단 푹 자고 일어나서 생각해보자. 정신

건강을 최우선으로 생각하는 심리학자로서 "잠을 줄이면서 할 만큼 중요한 일은 없다"라고 말하고 싶다.

② 숨겨진 일들 확인하기

"저는 충분히 자는데도 여전히 일을 미뤄요"라고 하시는 분들도 있을 것이다(충분히 자고 있다니 일단 시작이 좋다!). 의도한 계획과 실제 행동 사이에 불일치가 있는 경우, 계획 실행을 위한 충분한 자원이 있는지 확인해야 한다. 두 사람이 '퇴근하고 집에 와서 영어 공부 한 시간 하기'라는 목표를 세웠다고 치자. A는 거의 매일 그 목표를 달성하고 있고, B는 매일 해야 한다고 생각만 하지 실제로 한 적은 거의 없다. A가 B보다 성실하고 의지력이 높아서 그런 걸까?

사실 A는 출퇴근에 소요되는 시간이 30분밖에 되지 않는다. 퇴근해서 집에 오면 저녁을 차려주는 가족이 있고, 저녁을 먹고 공부에만 집중할 수 있는 환경이 갖추어져 있다. 반면에 B는 퇴근해서 집까지 오는 데 한 시간도 넘게 걸린다. 간단하게 밥을 차려 먹더라도 설거지를 하고, 건조기에 넣어두었던 빨래를 다시 꺼내서 정리하고, 가족(혹은 친구)이 전화해서 고민 상담이라도 들어주는 날에는 도저히 공부를 할 시간과 에너지가 남아 있지 않다. 출퇴근 시간, 가사노동이나 돌봄노동과 같은 노동은 직장에서 일하는 것과 같은 노동임에도 불구하고 간과되는 경향이 있다.

나에게 주어진 노동량이 얼마나 되는지 정확하게 파악해보자. 그 모든 것들을 소화하고 나서도 내가 목표한 것들을 미루지 않고 할 수 있는지 확인하는 작업이 필요하다. 만약 정말로 목표를 미루지 않고 해내야 하는 상황이라면, 그동안 간과했던 노동들을 포기하거나 타인에게 위임하는 것으로 그 목표를 해낼 수 있는 시간적·정신적 자원을 확보하는 게 우선이다.

③ 목표를 통해 행동이 이어질 수 있는지 확인하기

"전 진짜 시간도 있고 체력도 있어서 하기만 하면 됩니다. 그런데 안 합니다"라고 말하는 사람이라면, 자신의 목표를 되돌아보자. 목표를 봤을 때 그 목표 달성을 위해 어떤 행동을 하면 되는지 머릿속에 그려지는가? 예를 들어, '좋은 글 한 편 쓰기'는 목표가 아니다. 이건 소망이다. 일을 미루는 완벽주의자들은 게

올러서 일을 미루는 게 아니라, 자신의 높은 기준을 달성할 방법이 구체적이지 않아 일을 미룰 때가 많다. 특히 무에서 유를 만들어내야 하는 일을 하는 경우(연구자, 창작자, 창업가 등) 일을 하고 싶어도 어떤 것부터 해야 할지 몰라 막막해서 일을 미루는 경우가 많다. 이런 경우라면 할 일 목록 첫 번째 항목에 '오늘 무엇을 해야 하는지 파악하기' 항목을 넣어두자. '좋은 글 한 편 쓰기'를 위해 오늘 무엇을 해야 하는가? 필요한 일들을 재료처럼 늘어놨으면 가장 먼저 필요한 일이나 가장 쉬워 보이는 일부터 시작해보자.

④ 인센티브 확인하기

일을 미루었을 때 어떤 불이익이 있는가? 반대로 일을 미루지 않고 해냈을 때 어떤 이득이 있는가? 이 두 가지 질문에 대한 대답이 둘 다 '없다'라면 왜 이 일을 미루지 않아야 하는지 질문해보고 싶다. 일을 미루면 괴롭고, 마감 직전에 하니 피곤하다. 그런데 그런 패턴을 반복해왔다는 건, 1) 괴롭고 피곤하지만 참을 만했다는 것, 2) 일을 미루었을 때 단기적인 이익이 더 컸다는 것 아닌가? 변화를 동기부여 하기 위해서는 두 가지 전략이 필요하다.

우선 일을 미루었을 때 불이익을 만들고, 일을 해냈을 때 이득을 제공하는 것이다. 일을 끝내는 시간을 정해놓고, 그 시간이 되면 일을 손에서 내려놓는다. 이때 시간 내에 일을 못 끝내거나, 내가 기대한 수준보다 낮은 결과물을 감수해야 하는 것이 불이익이 될 수 있다. 그래서 자는 시간을 정해놓는 게 중요하다. 잠을 줄이면서 계속 자신만의 마감 시간을 연장하게 되면 실질적으로 일을 미루는 것에 대한 지각된 불이익이 계속 줄어들기 때문이다. 일을 끝내는 시간이 명확해야, 일을 시작하는 시간도 명확해질 수 있다.

둘째, 일을 미루지 않았을 때 이득을 높여주는 것이다. 이 방법은 간단하면서도 어려울 수 있는데, 바로 일을 끝마쳤을 때마다 자신을 인정하고 칭찬해주는 것이다. 완벽주의자들은 일을 미루었을 때는 자기비난을 하면서, 일을 마쳤을 때는 어떤 칭찬도 해주지 않을 때가 많다. 정해진 시간 동안 과업을 수행했다면 이에 대해 인정해주자. 손발이 오그라들 것 같은 칭찬이 아니어도 된다. '나는 오늘 두 시간 동안 이 작업을 하기로 했고, 실제로 해냈다'와 같이 사실을 있는 그대로 인정해주는 것만으로도 충분한 시작이다.

⑤ 중요한 일인지 확인하기

누구나 중요하지 않거나 시급하지 않은 일은 미룬다. 중요하지도, 시급하지도 않은 일인데 미룬다고 자책하고 있다면 '왜 이 일을 미루지 않아야 하는지'부터 다시 점검해보자. 어쩌면 이 일은 잠시 미루어두는 게 더 현명한 일일지도 모른다. 지금 내가 미루고 있는 일이 내 삶의 우선순위에 포함되어 있지 않다면, 그 일은 미루어지는 게 당연하다.

주변 전문가들 중에 SNS에 콘텐츠를 올려 브랜딩을 하고 싶은데 콘텐츠 제작과 업로드를 미루게 된다는 이야기를 종종 듣는다. 그런데 이야기를 조금 더 자세히 들어보면, 그들은 이미 SNS에서 브랜딩을 하지 않더라도 생업에 당장 지장이 없는 경우가 많다. 이런 경우라면 굳이 내가 미루는 일에 집착할 것이 아니라 이미 내가 잘하고 있는 것들에 집중하는 편이 더 효과적일 수 있다. 지인들을 통해 일을 수주하는 방법을 찾아보거나, SNS에 콘텐츠를 올릴 게 아니라 기업에 직접 제안서를 보내볼 수도 있다. 목표를 달성하는 방법은 하나가 아니다. 내가 미루지 않고 자연스럽고 재미있게 할 수 있는 방법들로 목표를 이룰 방법이 있을지 고민해보자.

⑥ 레퍼런스 그만 찾기

제발 레퍼런스를 그만 찾자. 만약 꼭 찾아야 하는 자료가 있거나 레퍼런스를 찾아야 하는 단계라면 시간을 정해놓고 그 시간을 넘기지 말자.

알고 보면 벼락치기도 재능이다

코칭을 하다 보면 이 모든 걸 다 해봤는데도 미루기가 고쳐지지 않는 경우가 있다. 바로 시간 압박을 받으며 몰입해서 일하는 경험 자체를 좋아하는 경우다. 지금까지의 경험상 주로 창의성이 필요한 일을 하는 사람들이 여기에 해당하는 경우가 많은 것 같다.

한번 앉아서 일하기 시작하면 깊게 집중해서 몇 시간이고 시간이 흐르는 걸 잊고 작업할 때 최상의 퍼포먼스가 나온다고 느끼는 사람들의 경우, 나는 벼락치기 하는 습관을 고치기보다 벼락치기를 잘할 수 있는 방법을 함께 찾아보라고 조언하기를 선호한다. 벼락치기에 집중할 수 있게 평소에 마음 편히 잘 쉬

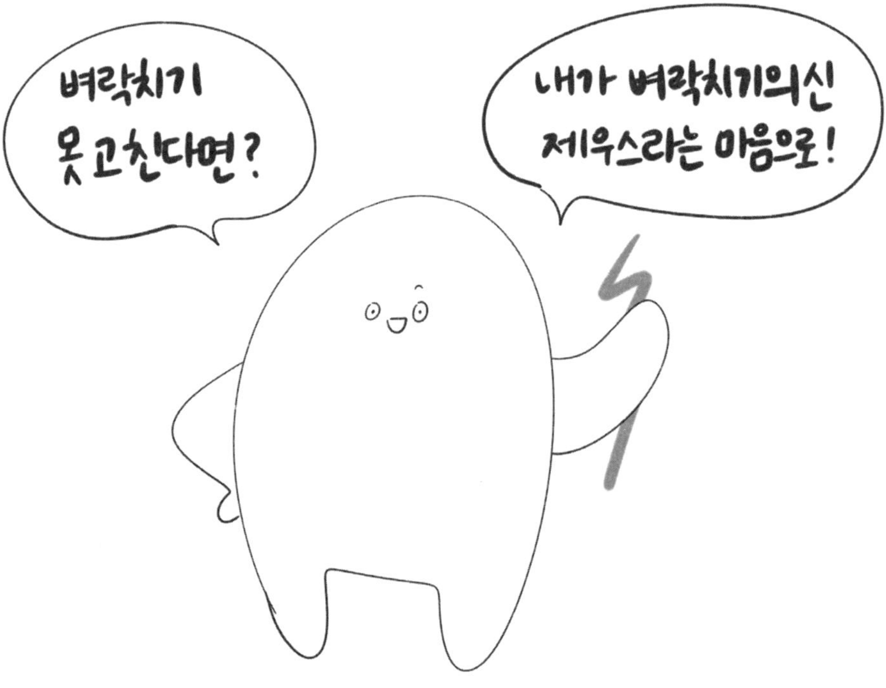
벼락치기
못고친다면?
내가 벼락치기의신
제우스라는 마음으로!

고 잘 놀며 체력과 정신력을 보충하고, 폭풍처럼 일한 다음에는 의도적으로 게으르게 쉴 수 있는 시간을 만들어 충분히 충전하는 것이다. 만약 절대적인 시간이 부족해서 결과물이 만족스럽지 않은 경우가 예상된다면 평소 벼락치기를 시작하던 일정에서 딱 하루나 이틀 정도 먼저 시작할 수 있도록 계획을 짠다. 일의 10~20퍼센트만 밑작업을 해놓고, 나머지 80~90퍼센트는 벼락치기를 하면서 빠른 시간 내에 집중도 있게 해내는 것이다.

장거리를 꾸준한 페이스로 달리는 마라토너와 단거리를 파워풀하게 달리는 스프린터 중 누가 더 훌륭한 선수라고 말할 수 있는가? 일하는 스타일도 마찬가지라고 생각한다. 만약 자신이 단거리를 집중해서 뛸 때 가장 효율적으로 일할 수 있는 사람이라면 굳이 종목을 바꿀 필요는 없다. 마라토너는 좋은 마라토너가 되는 방법을 고민하듯, 스프린터라면 좋은 스프린터가 되는 방법을 고민하면 된다.

지금껏 벼락치기로 살아왔던 사람이라면 그 재능을 더 나에게 맞는 방식으로 살릴 수 있는 방법을 고민해보자. 모두가 시간 압박을 받으며 집중력을 발휘해 일을 마칠 수 있는 것은 아니다. 발등에 불이 떨어지면 패닉에 빠져 아무것도 못하고 포기하는 사람도 있다(예를 들면, 나 같은 마라토너들). 발등에 불이 떨어져도 머리까지 탈 때까지 시간이 있다는 걸 알고 그 시간을 최대로 활용할 줄 아는 벼락치기의 신, 제우스들! 나는 이런 사람들이 자신의 재능을 사회의 기준에 끼워 맞추기보다 불꽃처럼 발휘하며 살기를 기원한다.

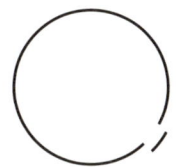

일과 나 사이의 균형점을 찾자

일과 맺는 관계 유형 3가지

M씨는 열정이 넘치는 교수로 유명했다. 그는 어릴 때부터 학문을 깊게 파고드는 일에 매료되었으며 교수가 되어 공부를 이어가길 바랐다. 초임 교수로서 그는 소명 의식에 가득 차 있었으며 학생들과 전공에 대해 토의하며 학생들을 배움의 세계로 이끄는 것에 큰 만족감을 느꼈다. 의미 있는 일을 하면서도 다른 사람들에게 기여할 수 있다는 것은 그에게 더없는 기쁨이었다. 그는 그 누구보다도 열심히 학생들을 가르쳤으며, 학교에서 다양한 보직을 맡으며 조직에도 기여하려고 애썼다. 그가 종신교수직을 얻은 건 당연한 일이었다. 그러나 그는 몇 년 후 심각한 번아웃으로 교수직을 내려놓게 되었다.

이 이야기는《번아웃의 종말》의 저자인 조나단 말레식의 경험이다. 그는 일에 헌신적이고 전념하는 사람들일수록 번아웃 위험이 크다고 이야기한다. 왜냐하면 이들은 일에 대한 이상과 현실 사이의 간극이 클 확률이 높기 때문이다. 내가 번아웃을 겪었을 때도 마찬가지였다. 일에서 이상을 실현하려고 하면 할수록 내면의 괴로움이 커지는 것을 몇 번이고 경험했다. 중학생 때부터 나의 장래희망은 늘 심리학자였다. 그래서 석사를 졸업하고 처음으로 임상심리 전문가 레지던트 과정을 시작했을 때, 드디어 심리학자로서 첫발을 뗀 것 같아 벅찬 마음이 들었다. 그러나 현실은 달랐다(내가 겪은 부조리에 대해 설명하려면 또 다른 책 한 권이 필요하므로 생략하겠다).

어리고, 야심 차고, 자신의 어리석음을 몰랐던 나는 이상을 실현하고자 직접 사업에 뛰어들었다. 내가 꿈꾸는 이상을 실현하기 위해 밤낮없이 일하고, 깨어 있는 모든 순간을 발전과 성장을 위해 쓰고자 했다. 자는 시간도, 노는 시간도 너무 아까웠다. 사업을 일구어나가기 위해 배워야 할 건 끝이 없었고, 하나를 배우면 다시 내가 모르는 것 100가지가 쏟아져나왔다. 사업은 곧 나였으며, 일에 대한 공격은 나에 대한 공격처럼 치명적으로 느껴졌다. 그때는 이상을 좇는 리더가 얼마나 위험한 리더인지 몰랐다. 그리고 이상을 좇다가 번아웃이 온 리더가 얼마나 위태로울 수 있는지도 몰랐다. 결국 나는 내가 창업한 회사에서 퇴사했다.

지금 나는 나의 일과 어떤 관계를 맺고 있을까?

일과 맺는 관계 유형을 편의상 세 종류로 나눠볼 수 있다.

첫 번째 유형은 몰입형이다. 이 유형의 사람들은 일이 자신의 정체성 안에 포함되어 있다. 직업이나 하는 일을 빼고 자신을 설명하는 게 굉장히 어렵게 느껴진다. 취미도 일에 기여할 수 있는 취미를 가지는 경우가 많고, 만나는 사람들도 일과 관련된 사람들일 때가 대부분이다. 일에서의 성장을 자기 자신의 성장이라고 생각하고 시간과 열정을 아끼지 않는다. 동시에 일에서의 실패를 개인의 실패라고 받아들여 일로 인해 일희일비할 때가 많다.

두 번째 유형은 파트너십형이다. 일과 자신의 관계를 신뢰에 기반한 파트너십이라고 생각한다. 이들은 일을 통해 얻을 수 있는 것과 일에서 기대할 수 없는 것들을 구분하는 편이다. 일에서 보람과 만족감을 얻지만, 오직 일을 통해서만 삶의 모든

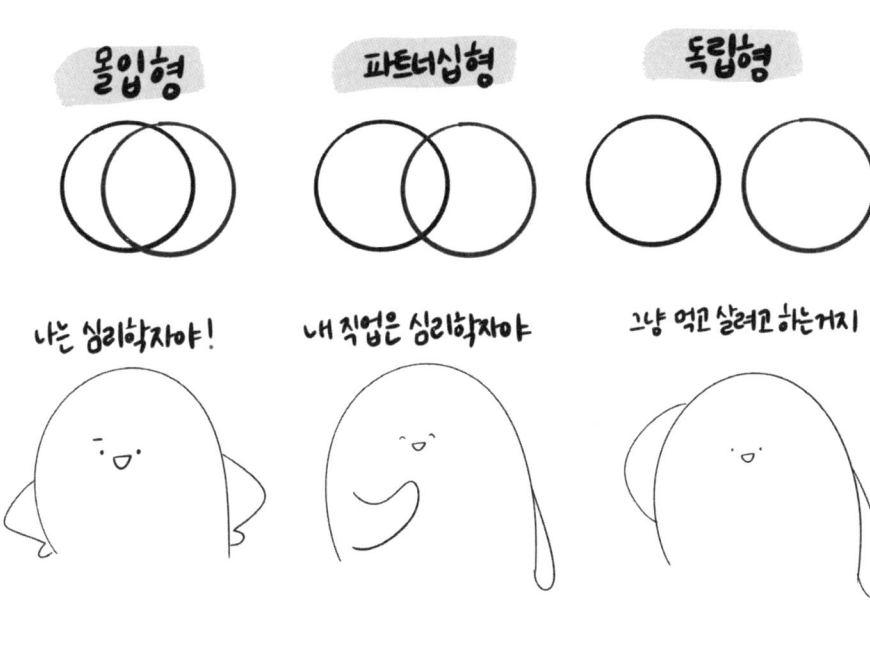

욕구를 채우려고 하지 않는다. 일이 사적인 영역을 침범하려고 할 때 적절히 선을 그을 수 있으며, 일에 헌신하지 않는 데서 오는 불이익을 감수하는 법을 안다.

마지막 유형은 독립형이다. 이들은 일을 생계 수단으로만 생각한다. 이들은 삶의 열정이나 만족을 굳이 일에서 찾지 않는다. '자아실현은 퇴근 후에'라는 말을 진심으로 믿으며 일의 성패에 좌우되지 않는 편이다. 일을 싫어하지도, 그렇다고 좋아하지도 않으며 일은 일일 뿐이라고 생각한다. 이들은 일 밖에서 자신이 좋아하는 활동들에 전념하며 삶을 풍요롭게 만들고 싶어 한다.

이 세 가지 유형은 내가 편의로 나눈 것일 뿐, 사실 유형이라기보다 스펙트럼에 더 가깝다고 생각하면 된다. 어떤 사람은 자신이 몰입형과 파트너십형 중간에 위치한다고 느낄 수도 있고, 또 어떤 사람들은 어떨 때는 독립적이라고 느낄 수도, 또 다른 때는 파트너십에 가깝다고 느낄 수도 있다. 여기서 또 하나 주의할 점은 일에 대한 헌신도는 일을 얼마나 잘하는지와 별개라는 점이다. 조직에서 일하다 보면 열정만 넘치고 무능력한 사람도 있고, 반대로 출근하면 유능한 직원이지만 퇴근 후에는 일 생각을 안 하는 사람도 만나게 된다. 마지막으로 어떤 유형이 더 '좋다/나쁘다'를 따지기보다 지금 자신이 일과 맺고 있는 관계가 어디에 더 가까운지 살펴보는 게 도움이 될 거라고 생각한다.

만약 자신이 일과 맺고 있는 관계가 균형적이지 않다고 느껴진다면 이 균형을 어떻게 맞출 수 있을지 생각해보자. 예를 들어, 나는 몰입형에서 조금씩 파트너십형으로 나아가고 있다. 물론 심리학자이자 창작자라는 건 내 정체성의 중요한 일부다. 이 두 가지 일 모두 업무를 마쳤다고 '땡' 하고 끝날 수 있는 일이 아니다. 심리 코치로서 자기 전에도 사례에 대해 생각하게 될 때가 있으며, 또 어떤 콘텐츠를 만들지 고민하는 건 나의 일상이다. 그래서 나는 의식적으로 일과 분리된 나의 사생활을 구축하려고 노력한다. 좋아하는 소설을 탐닉하거나(SF 소설 팬들 반가워요!), 사랑하는 친구와 가족들과 시간을 보내기 위해 미리 계획하고, '코덕'으로서 뷰티 유튜브 채널을 열성적으로 시청하고, 집사로서의 본분을 잊지 않고 늘 고양이의 잔소리를 경청한다.

사생활에서 내가 몰두하는 일들의 공통점은 '잘하고 말고가 없다'는 것이다. 나는 무언가 더 잘하는 독자가 될 필요도 없고, 한 권이라도 더 읽기 위해 애쓰지도 않는다. 뷰티 유튜버들을 보며 세상에 이렇게 자기만족적인 욕망을 위해 열정을 불태우는 사람들이 있다는 것에 감탄한다. 사랑하는 사람들과 함께 시간을 보내며 나는 아무것도 성취하지 않아도, 존재 자체만으로도 충분하다는 느낌을 받는다.

그런 의미에서 나는 조나단 말레식 작가가 책에서 이야기한 "업무가 존엄과 인격, 목적의 원천이라는 고귀한 거짓말"이라는 표현에 깊게 동의한다. 나는 배우자를 사랑한다. 그러나 배우자가 내가 존재하는 목적은 아니다. 마찬가지로 나는 일을 사랑하지만, 일과 별개로 나는 존엄하며, 나름의 삶의 목적이 있다. 한번 일을 빼고 나를 설명해보자. 어떻게 나를 설명하고 싶은가?

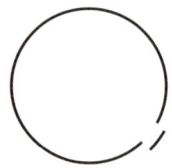

상대의 실수에
조금 더 관대해지자

내 안의 분노 다스리는 법

프리랜서로 일하다 보면 생각보다 당황스러운 일을 많이 겪게 된다. 지방 강연을 가기 한 달 전에 일정이 갑자기 변경된다든가, 기관에서 해야 할 일을 나에게 떠넘긴다든가, 담당자가 메일로 제대로 안내해주는 것을 깜빡한다든가 등등 그간 여러 일들을 겪었다. 기관에서 실수하더라도 현장에서 강연을 책임져야 하는 것은 나이기 때문에 매번 신경을 곤두세우게 된다.

특히 나를 화나게 하는 건 평소에는 메일로 연락을 주고받다가 중요하고 급한 사안들을 갑자기 전화로만 전달하고 그와 관련해 변동된 사항들을 메일로 다시 보내주지 않는 경우다. 다양한 기관과 협업하는 내 입장에서는 메일 기록이 남아 있지

240

않으면 요청된 일의 변동 사항을 추적하기가 쉽지 않다. 나는 이메일 소통을 사회생활의 기본이라고 생각하기 때문에 이런 경우를 겪으면 기분이 무척 불쾌하다. 전화로 우선 요청을 받고 통화를 마칠 때마다 "메일로 다시 변경 사항을 전달해주세요"라고 부탁을 해도 끝내 안내 메일이 오지 않으면 나를 무시하는 건가 싶어 화가 날 때도 있다.

완벽주의자에 대한 대표적인 오해 중 하나는 '남에게는 관대하고 자신에게는 엄격한 사람'으로 생각하는 것이다. 이 책을 여기까지 읽은 완벽주의자분들이라면 공감하시겠지만, 우리 완벽주의자들은…… 그렇게 착한 사람들이 아니다. 실제로 완벽주의자분들의 고민을 설문으로 받아봤을 때, 의외로 많이 등장했던 키워드가 '분노'다. 회사에서 일을 하면서 '도대체 저 인간은 왜 저렇게 일할까?' 이해가 가지 않아 속이 부글부글 끓었던 경험이 다들 있지 않은가? 아니면 남들에게 일을 믿고 맡기지 못해 '이럴 바에 그냥 내가 하는 게 속편하다'라고 생각하고 무리하게 일을 떠안았던 적이 있을 수도 있다. 함께 일하는 사람들의 무능함과 답답함에 가슴을 칠 때가 많았다면…… 당신은 혼자가 아니다. 그럼에도 불구하고 완벽주의자들이 남들에게 관대하게 보이는 것은 우리도 사회생활이라는 걸 하기 때문이다.

완벽주의자들의 민낯을 제일 잘 아는 사람들이 있다. 바로 우리들의 가족, 애인이나 배우자, 친한 친구들이다. 일에서는 필사적으로 참을 수 있었던 잔소리들이 가까운 이들에게는 마구 튀어나올 때가 많다. 진심으로 아끼고 사랑하기 때문에 더더욱 '저렇게 살면 안 될 것 같은데'라는 걱정이 피어오른다. 애정에서 시작한 피드백은 잔소리가 되고, 잔소리는 "내가 도대체 몇 번을 말해야 알아들어!"라는 외침이 된다. 결국 하는 사람, 듣는 사람 둘 다 기분만 상하는 싸움으로 끝나기도 한다.

완벽주의자들의 마음 안에는 '당연히 ~해야 한다'라는 규칙이 있다. 그리고 자신과 가까운 사람들에게 자신에게 적용하는 것과 비슷한 기준을 적용하려고 한다. 완벽주의자들은 이 기준이 사람마다 다를 수 있다는 걸 잊을 때가 많다. '당연히'라는 건 그런 것이기 때문이다. 당연히 자녀는 숙제를 해야 하고, 당연히 배우자는 나의 말을 경청할 줄 알아야 하고, 당연히 애인은 내가 힘든 걸 알아줘야 하고, 당연히 부모라면 부모 역할을 해야 한다. 이런 수많은 '당연히'들이 지켜지지 않을 때, 우리가 분노하게 되는 것은 어찌 보면 당연하다. 그렇다면 우리는 끊임없는 분노 속에 살아야 할까? 어떻게 이 분노를 다룰 수 있을까?

① 분노를 유발한 나의 기준 확인하기

분노를 다스리기 위한 첫 번째 단계는 바로 자신이 '당연하다'고 생각하는 규칙들을 파악하는 것이다. 일하면서, 혹은 관계에서 내가 화났던 순간들을 돌이켜보자. 그때 나는 상대에게 무엇을 기대했고, 어떤 기대가 좌절되었기에 그렇게 화가 났던 것일까?

나의 경우를 다시 살펴보면, 내가 분노했던 이유는 다음과 같은 마음들 때문이었다. 1) 협업하는 경우, 명확한 의사소통을 하는 것은 필수적이다. 2) 사회생활에서 해당 의사소통은 이메일로 하는 것이 기본이다. 3) 이걸 제대로 하지 못하는 것은 무능한 것이다.

아마 주변에 이 이야기를 한다면 공감하며 '화낼 만한 일이다'라고 반응할 사람도 꽤 있을 것 같다(특히 프리랜서분들이라면!). 그렇다면 이 분노를 상대에게 퍼붓는 것이 정당한가? 정당하다고 치더라도 그렇게 해서 내가 얻을 것이 있는가?

② 나의 기준을 재검토하기

분노를 표현하더라도 얻을 것이 없다고 생각되면, 나의 기준이 현실적인지 한번 생각해보자. 모든 업무 소통은 반드시, 늘, 이메일로 해야 하는가? 물론 그러면 좋겠지만 그럴 수 없는 경우도 존재한다. 나도 고객에게 이메일로 안내를 해야 하는데 실수하는 경우가 있다. 때로는 너무 급해서 전화를 거는 경우도 있다. 나를 담당한 직원분이 지금 너무 많은 일들을 한 번에 처리하고 있어서 정신이 없을 가능성도 있다. 그렇게 생각해보면 이러한 소통 방식을 이해할 여지가 생긴다.

③ 상황을 다른 관점에서 바라보기

내 기대가 현실적이었다고 하더라도 화를 내는 것의 이득이 없을 때가 있다. 이럴 때 다른 관점으로 그 상황을 바라볼 여지가 없는지 검토해보는 것이 도움이 될 수 있다. 《완벽주의를 위한 인지행동치료 워크북(The CBT Workbook for Perfectionism)》의 저자 샤론 마틴 박사는 관점을 바꿀 수 있는 세 가지 질문을 제안한다.

첫째, 상대의 행동을 악의적으로 해석하고 있지 않은지 묻는 것이다. '지금 나 무시해서 이메일로 안내 안 해주는 거야?'라고 생각하면 화가 더 날 수 있다. 둘째, 내가 최악의 결과를 상상하고 있지 않은지 확인하는 것이다. 내가 전달 사항을 놓쳐 일에서 실수가 발생하면 모두가 나를 책망할 거라고 상상하면 더 신경이 날카로워질 수 있다. 마지막으로 내가 너무 가혹하게 반응하고 있는 건 아닌지 확인해보자. 사실 대부분의 경우 번거롭지만 내가 메일로 다시 한번 확인하면 되는 일들이다. 사람이 정신이 없고 급하면 전화로만 확인하고 메일을 보내는 걸 잊어버릴 수도 있다. 나도 수없이 실수하지 않는가? 나와 함께 일하는 사람들도 인간이기 때문에 그럴 수 있다.

④ 화를 가라앉히고 피드백 주기

물론 이렇게 관점을 바꿔 상대를 이해해보려고 해도 '아니, 그래도 이건 너무한 거 아니야?' 싶은 상황들은 분명히 있다. 또한, 문제 상황이 반복되지 않게 하기 위해서 제대로 된 피드백이 필요할 때도 있을 것이다. 감정적이지 않고 차분하게 피드백을 전달하기 위해서 가장 처음 해야 할 일은 바로 감정을 가라앉히는 것이다.

내가 존경하는 많은 심리학자가 공통적으로 하는 이야기가 하나 있다. '기분이 나쁠 때는 아무것도 하지 말고, 어떤 결정도 내리지 말라.' 감정적으로 격양된 상태라면 일단 하고 있던 일을 손에서 잠시 내려놓자. 눈앞에 상대가 있는 경우라면, "잠깐 쉬었다가 다시 이야기하자"라며 타임아웃을 선언할 수도 있다. 기분을 환기하기 위해 잠깐 산책을 해도 좋고, 회사라면 찬물로 손을 씻거나, 심호흡을 하거나, 스트레칭을 하면서 마음을 진정시키는 시간을 갖는다. 이렇게 한번 마음을 가라앉히고 피드백을 하면 흥분된 상태에서 피드백을 할 때보다 훨씬 더 건설적인 피드백이 가능할 것이다.

11년 차 프리랜서로 일하며 깨달은 건, 결국 협업이란 서로의 흉허물을 함께 안고 가는 과정이라는 점이다. 때로 나의 실수를 기관 쪽에서 감당해줘야 할 때가 있고, 반대로 기관의 실수를 내가 커버하며 일을 해야 할 때가 있다. 인간과 인간이 함께 일하기 때문에 어쩔 수 없는 것이다. 우리는 누구나 실수를 한다. 타인의 기준은 고사하고 자신이 세워놓은 기준조차 지키지 못할 때가 태반이다.

요새 나는 옳고 그름을 따지고, 누가 더 잘했는지 잘못했는지를 따지기보다 친절하기 위해 노력한다. 이건 내가 유별나게 착하고 성숙해서라기보다 유별나게 실수를 많이 하는 사람이기 때문이다. 나와 함께 일하며 내가 실수했을 때 나의 실수를 아무 말 없이 넘어가준 수많은 사람들이 존재했음을 안다. 지금까지 나의 부족함을 말없이 눈감아준 사람들이 얼마나 많았을까? 그런 걸 생각하면 나도 조금 더 너그러운 마음이 든다. 빡빡한 세상을 살면서 서로의 부족함을 슬쩍 채워줘야 우리 모두가 조금씩 더 숨 쉴 틈이 많아지지 않을까?

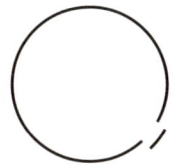

일기를 쓰며 칭찬과
감사에 익숙해지자

정서·감사·칭찬 일기 쓰기

코칭을 진행하며 효율적인 성장과 변화를 원하시는 고객분들에게 추천드리는 것은 바로 일기 쓰기다. 일기를 안 쓰시는 분들께는 휴대폰 메모장에 간단하게 메모하는 것만으로도 충분하다고 안내해드린다. 다음의 세 가지 일기 주제 중 자신에게 가장 필요하다고 생각하는 걸 골라서 적어도 되고, 세 가지 주제 모두에 대해 일기를 쓰는 것도 물론 좋다.

정서 일기

이런 분들께 추천합니다

- 마음이 힘든 것 같은데 구체적으로 어떻게 힘든지 설명하기 어렵다고 느껴지는 분
- 정서 조절이 어렵다고 느껴지는 분
- 요새 내 상태가 어떤지 모르겠다고 느껴지는 분

이렇게 쓰면 됩니다

- 하루를 마칠 때 오늘 자신에게 가장 인상적이었던 순간을 최대한 생생하게 떠올려본다.
- 그때 자신의 몸에서 어떤 느낌이 느껴졌는지 다시 한번 느껴본다.
- 그 순간에 자신이 느꼈던 감정이 무엇인지 단어로 표현해본다(감정 단어가 떠오르지 않는다면 감정 단어 목록 활용하기).
- 2~3가지 감정 단어로 나의 감정을 정리해본다.

주의 사항

- '왜 그런 감정을 느꼈지?'라고 원인을 파고들지 않도록 한다. 원인에 집중하다 보면 자기비난으로 흐를 수 있기 때문이다. 어떤 감정이든 '그렇게 느낄 수 있지'라고 덧붙여주는 것을 추천한다.

- 감정을 판단하지 말고 있는 그대로 인정해준다. 때로 기분 나쁠 상황이 아니었는데도 분노가 느껴질 수도 있고, 별일도 아닌데 질투가 느껴질 수도 있다. 이럴 때도 원인을 파악하지 말고 '그냥 내가 그때 이렇게 느꼈구나' 하고 관찰해주는 것만으로 충분하다.
- 부정적인 감정들을 떠올리면 몸이 긴장될 수 있다. 감정을 충분히 느껴준 다음에는 천천히 호흡하며 몸을 이완해주는 게 도움이 될 수 있다.

정서 일기의 효능
- 감정을 설명할 수 있는 감정 단어가 많아지면, 일상생활에서 감정을 조절하기 수월해진다.
- 매일 감정에 대해 일기를 쓴다고 생각하면 내가 하루 동안 느끼는 감정에 대해 관찰하는 태도를 가질 수 있다.
- 정서 일기를 쓰면서 내 감정을 이해하고 인정하는 연습을 하다 보면 자기 자신과 친밀감이 올라가게 된다.

감사 일기

이런 분들께 추천합니다

- 비교와 질투 때문에 힘들다고 느끼시는 분
- 일상 속에서 희망과 긍정적인 감정을 더 자주 느끼고 싶은 분
- 현재 삶에서 만족감을 찾고 싶은 분

이렇게 쓰면 됩니다

- 하루를 마칠 때 오늘 하루 내가 감사하고 싶은 일 세 가지를 찾아서 적어본다.

  (예: 오늘 필라테스에 가서 운동을 했다.)
- 구체적으로 어떤 일이 감사했는지, 그 일로 인해 어떤 감정을 느꼈는지 함께 적어본다.

  (예: 내 몸이 50분 운동을 버틸 수 있었다는 게 자랑스럽게 느껴졌다.)
- 감사의 대상에 대해 어떤 감정을 느꼈는지도 적어본다.

  (예: 이런 나의 몸이 존재한다는 게 감사하게 느껴진다.)

주의 사항

- 매일 비슷한 것에 대해 감사 일기를 써도 괜찮다.
- 주제를 다양하게 해보고 싶다면 '세상/환경', '타인', '자기 자신'

세 가지 카테고리에 대해 감사한 것들을 적어보는 것을 추천한다.

- 처음에는 감사한 것들이 많이 떠오르지 않을 수 있다. 하루에 하나라도 좋으니 감사한 것들을 발견해보는 것만으로도 충분하다는 걸 기억하자.

감사 일기의 효능

- 감사 일기는 많은 심리학자가 추천하는 일상 속 행복을 증진하는 방법이다.[2] 우리는 감사하면서 동시에 부정적인 감정을 느끼기 어렵기 때문이다. 감사한 것들을 떠올리는 동안 긍정적인 감정을 느낄 수 있다.

- 감사는 내가 갖지 못한 것이 아니라 이미 가지고 있는 것에 집중하게 한다. 이미 내가 가지고 있는 것들에 대해 감사하면서 만족감이 올라갈 수 있다.

- 감사는 타인과 맺는 관계에 대한 유대감을 높여줄 수 있다. 당연히 곁에 존재했던 사람들에 대한 소중함을 매일 다시 떠올려볼 수 있다.

- 내가 가지고 있는 긍정적인 특질들을 인정해주고 감사하는 것을 통해 자신과 맺는 관계가 달라질 수 있다.

칭찬 일기

이런 분들께 추천합니다

- 무기력하고 목표한 것을 자꾸 미루시는 분

- 자신의 좋은 점보다 부족한 점에 집중해서 위축되시는 분

- 건강한 동기부여가 필요하신 분

이렇게 쓰면 됩니다

- 하루를 마치며 오늘 나 자신에 대해 칭찬해주고 싶은 점 세 가지를 쓴다.

- 구체적인 행동에 대해 칭찬해준다.

  (예: 오늘도 스트레칭을 5분 했다. 원래 1분밖에 안했는데 4분이나 늘어난 것이다.)

- 칭찬 일기를 쓰며 느껴지는 감정들을 잘 관찰해본다.

주의 사항

- 칭찬은 발견해주는 것이지, 억지로 만들어내는 것이 아니라는 걸 기억하자. '오늘은 칭찬 일기에 쓸 게 없으니까 운동이라도 해야겠다'가 아니다. 오늘 하루를 자연스럽게 살면서 내가 잘한 일들을 발견해주는 것이 이 일기를 쓰는 목적이다.

- 처음에는 칭찬할 게 너무 없는 것 같다고 좌절감을 느낄 수도 있다. '겨우 이런 걸 칭찬해도 되는 건가?'라고 멋쩍을 수도 있다. '오늘 하루도 밥을 잘 챙겨 먹고, 출근해서 퇴근했고, 피곤한 몸을 이끌고 씻었고' 등과 같이 지금까지 당연하다고 느꼈던 일들을 칭찬해주길 바란다.

- 칭찬 일기를 쓰면서 일시적으로 기분이 나쁠 수도 있다. '나는 오늘도 칭찬할 게 너무 없어.' '이런 걸로 스스로를 칭찬하는 게 우습게 느껴져.' 이런 생각이 드는 건 이상한 게 아니다. 만약 이런 일기가 나와 잘 맞지 않는다고 느껴진다면 쓰지 않아도 괜찮다. 각자에게 맞는 방법은 다를 수 있기 때문이다.

칭찬 일기의 효능

- 칭찬 일기의 핵심은 '당연히' 해내고 있었던 일들이 사실 당연하지 않은 노력의 결과임을 인정해주는 것이다. 일을 하는 것도, 나 자신을 먹여 살리는 것도, 집안일을 해내는 것도, 5분간 스트레칭을 하는 것도 무엇 하나 당연한 것은 없다. 모두 내가 선택하고 의지력을 발휘한 결과라는 것을 기억하자.

- 작은 일을 해내더라도 나 자신을 인정해주고 칭찬해주면 좋은 기분을 느낄 수 있다. 좋은 기분은 좋은 기억이 되고, 또 그 행동을 반복하고자 하는 동기가 높아질 수 있다.

- 누가 알아주지 않더라도 내가 나의 삶을 위해 매일 노력한다는 걸 알아주는 것만으로도 삶의 보람과 만족감이 증진될 수 있다.

매일 쓰지 않아도 되고, 거창한 글을 쓰지 않아도 괜찮다. 밤에 자기 전 내 마음을 가볍게 돌아보는 습관을 만드는 것만으로도 훌륭한 자기돌봄의 시작이 될 것이다!

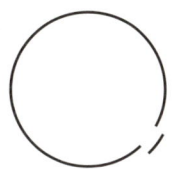

함께할 때 문제가
더 가벼워짐을 기억하자
정신건강 전문가 찾아가기

누누이 강조하지만 완벽주의 자체는 병이 아니다. 장점과 약점을 모두 가진 성격 특성이다. 그러나 어떤 성격 특성이든 극단에 가까워지면 일상생활이 힘들어질 수 있다. 완벽주의로 인해 일상이 너무 버겁다고 느껴진다면 정신건강 전문가들을 만나볼 것을 권한다. 전문가는 혼자서 해결하기 어려운 문제를 같이 풀어나가는 과정에서 동반자가 되어줄 수도 있다. 또한, 혼자서 해결할 수 있는 문제를 더 빠르고 안전하게 풀어갈 수 있게 도와주는 촉진제가 되어줄 수도 있다. 우리가 일상 속에서 쉽게 만날 수 있는 세 부류의 정신건강 전문가들을 소개한다.

정신과 의사

이럴 때 찾아가세요

우울, 불안, 정서 조절 등 다양한 증상들로 인해 일상생활에서 불편감을 느낄 때 찾아가보는 걸 권한다. 특히 수면 문제가 있거나 체중 변화가 급격하게 나타나는 경우 반드시 찾아볼 것을 권하는 편이다. 자신에게 잘 맞는 정신과를 찾아갈 수 있다면 좋겠지만, 개인적으로는 집에서 가까운 병원을 추천한다. 꾸준히 치료를 받을 경우 2~3주에 한 번씩 방문해야 하는데 병원이 멀리 있으면 의지력을 발휘하기 쉽지 않기 때문이다.

걱정하지 마세요

정신과 약 복용이 처음이라면 처음부터 자신에게 맞는 약을 만나기는 어려울 수 있다. 어떤 약이든 작용보다 부작용이 먼저 나타나기 때문에 약의 효용을 느끼기도 전에 약 복용을 임의로 중단하는 경우도 생각보다 많다. 약의 부작용이 있는 경우 의사와 상의해 다른 약을 시도해볼 수 있다. 나에게 잘 맞는 약물을 찾을 때까지 시간이 걸리기도 한다. 그러니 한 가지 약물이 나에게 맞지 않았다고 해서 '나는 약으로 치료될 수 없는 건가 보다' 하고 좌절하지 말자.

미리 알고 가세요

요새는 상담을 함께 해주는 정신과 의사들도 많지만, 대부분의 경우 약물 처방을 위한 면담에 집중하는 경우가 많다. 힘든 마음을 털어놓고 싶어서 갔는데 의사가 내 이야기를 들어주지는 않고, 잠은 얼마나 잤는지, 밥은 어떻게 챙겨 먹는지 딱딱한 질문만 해서 속상할 수도 있을 것이다. 의사도 짧은 시간 안에 정확히 증상을 파악해서 최대한 지금 나의 상태에 맞는 약을 처방해주려고 하는 것이니 이해해주자.

심리 상담사

이럴 때 찾아가세요

정신과 약으로 모든 문제가 해결되지 않을 수 있다. 우울이나 불안이 낮아졌더라도 직장 내 트러블, 가족 갈등, 진로 고민이 사라지진 않기 때문이다. 특히 오랫동안 반복되어온 관계 문제가 있는 경우, 과거의 트라우마로 인해 현재 일상에 지장이 있는 경우 심리 상담을 강력하게 권하는 편이다. 장기적으로 자신을 이해하고, 내 마음의 체질을 개선해보고 싶은 분들에게 심리 상담을 권한다.

걱정하지 마세요

처음부터 나와 잘 맞는 상담사를 만나지 못할 수도 있다. 아무리 훌륭한 경력을 가졌고, 좋은 평판을 가진 상담사도 나와 안맞는다면, 나에게 좋은 상담사는 아닌 것이다. 상담사를 바꾸는 것을 너무 두려워하지 않았으면 좋겠다. 상담사를 바꾸면 이전에 했던 이야기를 처음부터 시작해야 한다는 부담감이 느껴질수도 있다. 하지만 누구에게 이야기하느냐에 따라 똑같은 이야기가 다르게 보이기도 한다. 같은 이야기를 하더라도 상담사의 반응에 따라 내가 그 이야기를 바라보는 시선이 달라질 수도 있다. 그러니 이왕 돈과 시간을 쓸 거라면 나에게 맞는 상담사를 인내심 있게 찾아보자.

미리 알고 가세요

우리나라는 심리 상담사에 대한 법이 없다. 그래서 관련 전문성이 없더라도 누구나 심리 상담을 할 수 있다. 상담사가 과연내가 신뢰할 만한 경험을 기반으로 상담을 진행하고 있는지 확인해볼 필요가 있다. 상담을 진행하기 전 미리 상담사에게 내가 중요하게 생각하는 주제들(관련 경력이나 가치관)에 대해 확인하는 것은 전혀 무례한 행동이 아니다. 실력 있고 내담자를 존중하는 상담자라면 이러한 질문과 확인에 대해 환영하는 태도로 답변해줄 것이다.

코칭

이럴 때 찾아가세요

회복과 치료를 목표로 하는 정신과나 심리 상담과는 달리 코칭은 성장과 변화를 목표로 한다. 코칭에서는 완벽주의를 '고치는 것'을 목표로 하지 않는다. 완벽주의가 있더라도 자신의 성향과 강점을 잘 활용해서 더 만족스럽게 살아갈 수 있는 방법을 함께 만들어가게 된다. 만약 완벽주의로 인해 목표를 달성하는 게 어렵게 느껴지거나, 시작하는 것을 미루고 있다면 코칭을 추천하고 싶다. 퍼스널 트레이닝을 받듯, 목표를 달성하는 과정에서 마음의 근력을 키우고 싶은 분들에게 권한다.

걱정하지 마세요

코치는 목표 달성을 못하면 혼내는 학습지 선생님이 아니다. 오히려 최대의 잠재력을 끌어낼 수 있도록 함께 고민해주는 전략가이자, 신나게 목표를 향해 달려갈 수 있도록 응원하는 치어리더다. 좋은 코치는 선수가 성장할 수 있게 응원하지만, 동시에 선수가 다치지 않게 보호하는 역할도 한다. 심리 코치도 마찬가지로 최대한 즐겁고 안전한 방법으로 번아웃이 오지 않고 목표를 달성하는 방법을 고민한다.

미리 알고 가세요

코칭은 심리 상담과 다르다. 만약 지금 우울하고 불안해서 일이 손에 안 잡힌다면 코칭이 아닌 심리 상담을 가는 게 맞다. 반면에 일이 잘 안 돼서 우울하고 불안하다면 코칭을 받아보는 걸 권한다. 코칭도 심리 상담과 마찬가지로 관련 법이 없으므로 코치의 전문 자격을 잘 따져서 선택하는 것이 중요하다. 내가 고민하는 분야에 대한 전문성을 가진 코치인지 잘 살펴보고 코칭을 받으면 더 좋은 시너지가 날 수 있을 것이다.

평범한 사람인 것을 미워하지 않기

완벽주의가 있는 것, 더 잘하고 싶어서 압박감을 느끼는 것, 압박감만 느끼고 노력하지는 못하는 것, 자신을 사랑하지 못하는 것, 자신을 사랑하지 못하는 내가 부끄러운 것, 관계가 어렵고 두려운 것, 변하려고 노력하지만 다시 제자리로 돌아오는 것. 이 모든 것들의 공통점이 무엇인지 아시나요? 바로 평범한 인간의 특성이라는 것입니다. 이 책을 읽으며 "나도 변화해봐야겠다"라고 느낄 수도 있고, 일주일 후면 이 다짐을 했던 사실마저 기억하지 못할 수도 있습니다. 왜냐하면 인간이라면 누구나 그럴 수 있으니까요. 만약 제가 읽었던 모든 책들의 가르침을 흡수해서 제 삶으로 만들 수 있었다면 저는 인류 역사상 가장 위대한 사람이 되었을 것입니다. 그런데 그렇지 않지요. 저도 평범한 인간이니까요.

다행히 제가 사랑하는 모든 사람들도 다 평범한 사람들입니다. 민경이는 우아하게 보이지만 챗GPT가 멍청한 답을 내놓으면 분노를 참지 못하고 화를 냅니다. 영수는 때로 분수에 맞지 않는 소비를 하고, 본인이 철이 없었다며 후회합니다. 영재는 응원하는 야구팀이 패배하면 하루 종일 시무룩하고 낙담합니다. 은영이는 모두와 잘 지내지만 사실 친구가 없어서 저랑 친구를 해줍니다. 저는 이들이 특별히 대단해서 사랑하는 것이 아닙니다. 평범하지만, 평범하기 때문에, 나와 비슷한 인생의 희로애락을 경험하는 사람들이기 때문에 더 깊이 사랑할 수 있다고 생각합니다. 생각해보면 우리가 사랑한 모든 사람들이 그렇지 않나요?

제가 이 책을 통해 전하고 싶은 이야기를 한 문장으로 전달한다면 '평범한 사람인 것을 미워하지 않기'가 될 것 같아요. 여전히 완벽하고 싶다는 마음에 책 원고를 처음부터 끝까지 다시 쓰고 싶어지기도 하고, 노력한 일에서 성과가 나오지 않으면 엄청나게 낙담하고, 중요한 일들을 미루기도 하고, 관계에서 용기를 내는 걸 망설일 수도 있지요. "그래도 괜찮아요"라는 말을 하고 싶진 않습니다. 저도 그럴 때 괜찮지 않거든요! 대신에

"평범한 인간이라면 원래 그럴 수 있어요"라고 말하고 싶어요. 평범한 인간이기에 이토록 애쓰고, 노력하고, 시도하고, 실패하고, 도전하는 우리 자신이 귀엽고 애잔하고 사랑스럽지 않나요? 이 책의 모든 내용을 잊는다 해도, 절망스럽게 무너지는 마음을 붙잡고 엉엉 우는 날, 이 한 문장만은 기억이 났으면 좋겠어요. 그래도 내가 평범한 인간임을 미워하지 말자고.

1장 '지나친 노력'과 '과도한 걱정' 사이에서 삶의 균형을 잃었다면 ────────

1. Flett, G. L., & Hewitt, P. L. (2002). Perfectionism and maladjustment: An overview of theoretical, definitional, and treatment issues.

2. Horney, K. (1950). Neurosis and human growth. New York: Norton.

3. Stoeber, J., & Otto, K. (2006). Positive Conceptions of Perfectionism: Approaches, Evidence, Challenges. *Personality and Social Psychology Review*, *10*(4), 295-319. https://doi.org/10.1207/s15327957pspr1004_2

4. Hamachek, D. E. (1978). Psychodynamics of normal and neurotic perfectionism. *Psychology: A journal of human behavior*.

5. Curran, T., & Hill, A. P. (2019). Perfectionism is increasing over time: A meta-analysis of birth cohort differences from 1989 to 2016. *Psychological bulletin*, *145*(4), 410.

6. Flett, G. L., Hewitt, P. L., Oliver, J. M., & MacDonald, S. (2002). Perfectionism in children and their parents: A developmental analysis. In G. L. Flett & P. L. Hewitt (Eds.), *Perfectionism: Theory, research, and treatment*(pp. 89 - 132). Washington, DC: American Psychological Association.

7. Hewitt, P. L., Flett, G. L., & Mikail, S. F. (2017). *Perfectionism: A relational approach to conceptualization, assessment, and treatment*. New York: Guilford.

2장 한 끗의 유연함이 일상을 부드럽게 만든다 ────────

1. Egan, S. J., & Shafran, R. (2017). Cognitive-behavioral treatment for

perfectionism. *The psychology of perfectionism*, 284-305.

2. Howell, J. A., McEvoy, P. M., Grafton, B., Macleod, C., Kane, R. T., Anderson, R. A., & Egan, S. J. (2016). Selective attention in perfectionism: Dissociating valence from perfectionism-relevance. *Journal of behavior therapy and experimental psychiatry*, *51*, 100-108.

3장 고통에 빠진 나는 구원받을 자격이 있다 ─────────

1. Neff, K. (2003). Self-Compassion: An Alternative Conceptualization of a Healthy Attitude Toward Oneself. *Self and Identity*, 2(2), 85-101. https://doi.org/10.1080/15298860309032

2. Muris, P., & Otgaar, H. (2023). Self-esteem and self-compassion: A narrative review and meta-analysis on their links to psychological problems and well-being. Psychology research and behavior management, 2961-2975.

3. Kirby, J. N., Tellegen, C. L., & Steindl, S. R. (2017). A Meta-Analysis of Compassion-Based Interventions: Current State of Knowledge and Future Directions. *Behavior Therapy*, 48(6), 778-792.

4. Lowens, I. (2010). Compassion Focused Therapy for People with Bipolar Disorder. *International Journal of Cognitive Therapy*, 3(2), 172-185. https://doi.org/10.1521/ijct.2010.3.2.172

5. Ong, C. W., Lee, E. B., Petersen, J. M., Levin, M. E., & Twohig, M. P. (2021). Is perfectionism always unhealthy? Examining the moderating effects of

psychological flexibility and self-compassion. *Journal of Clinical Psychology*, 77(11)

6. Ferrari, M., Hunt, C., Harrysunker, A., Abbott, M. J., Beath, A. P., & Einstein, D. A. (2019). Self-Compassion Interventions and Psychosocial Outcomes: A Meta-Analysis of RCTs. *Mindfulness*, 10(8), 1455-1473. https://doi.org/10.1007/s12671-019-01134-6

7. Wong, C. C. Y., & Mak, W. W. S. (2013). Differentiating the role of three self-compassion components in buffering cognitive-personality vulnerability to depression among Chinese in Hong Kong. *Journal of Counseling Psychology*, 60(1)

8. Woodfin, V., Molde, H., Dundas, I., & Binder, P.-E. (2021). A Randomized Control Trial of a Brief Self-Compassion Intervention for Perfectionism, Anxiety, Depression, and Body Image. *Frontiers in Psychology*, 12

9. 이수민&양난미. (2018). 부적응적 완벽주의 경향을 가진 대학생을 위한 자기자비 단기개입 프로그램 개발 및 효과성 검증. 인간이해, 39(2), 47-72.

10. Breines, J. G., & Chen, S. (2012). Self-compassion increases self-improvement motivation. *Personality and social psychology bulletin*, *38*(9), 1133-1143.

11. Wang, X., Chen, Z., Poon, K. T., Teng, F., & Jin, S. (2017). Self-compassion decreases acceptance of own immoral behaviors. *Personality and Individual Differences*, *106*, 329-333

12. Neff, K. D., & Beretvas, S. N. (2013). The role of self-compassion in romantic relationships. *Self and identity*, *12*(1), 78-98.

13. Wayment, H. A., West, T. N., & Craddock, E. B. (2016). Compassionate

values as a resource during the transition to college: Quiet ego, compassionate goals, and self-compassion. *Journal of the First-Year Experience & Students in Transition, 28*(2), 93-114.

14. Malivoire, B. L., Kuo, J. R., & Antony, M. M. (2019). An examination of emotion dysregulation in maladaptive perfectionism. *Clinical Psychology Review, 71*, 39-50.

15. Barlow, D. H., Allen, L. B., & Choate, M. L. (2020). Toward a unified treatment for emotional disorders. In The *Neurotic Paradox, Volume 1*(pp.141-166). Routledge.

16. Gratz, K. L., & Tull, M. T. (2010). Emotion regulation as a mechanism of change in acceptance-and mindfulness-based treatments. *Assessing Mindfulness and Acceptance Processes in Clients: Illuminating the Theory and Practice of Change, 2*, 107-33.

17. Neff, K. D. (2023). Self-compassion: Theory, method, research, and intervention. *Annual review of psychology, 74*(1), 193-218.

18. Neff, K., & Germer, C. (2017). Self-Compassion and Psychological 27 Well-being. *The Oxford handbook of compassion science*, 371.

19. Powers, T. A., Koestner, R., Zuroff, D. C., Milyavskaya, M., & Gorin, A. A. (2011). The effects of self-criticism and self-oriented perfectionism on goal pursuit. *Personality and Social Psychology Bulletin, 37*(7), 964-975.

1. 허효선&권석만. (2022). 지연행동 단계 척도의 개발. 한국심리학회지: 임상 심리 연구와 실제, 8(3), 503-538.

2. Armenta, C. N., Fritz, M. M., & Lyubomirsky, S. (2017). Functions of positive emotions: Gratitude as a motivator of self-improvement and positive change.Emotion Review, 9(3), 183-190.

나는 왜 작은 실수에도 이렇게 힘들까

초판 1쇄 발행 2026년 1월 10일
초판 2쇄 발행 2026년 1월 12일

지은이 이서현
펴낸이 권미경
기획 · 편집 김효단
마케팅 심지훈, 강소연, 김재이
디자인 [★]규

펴낸곳 ㈜웨일북
출판등록 2015년 10월 12일 제2015-000316호
주소 서울시 마포구 양화로1길 29, 2층
전화 02-322-7187 **팩스** 02-337-8187
메일 sea@whalebook.co.kr **인스타그램** instagram.com/@whalebooks

ISBN 979-11-94627-18-0 (03180)

소중한 원고를 보내주세요.
좋은 저자에게서 좋은 책이 나온다는 믿음으로, 항상 진심을 다해 구하겠습니다.